做一个通透清醒的女人

懂小姐◎编著

中國華僑出版社
·北京·

图书在版编目（CIP）数据

做一个通透清醒的女人 / 懂小姐编著. -- 北京 : 中国华侨出版社, 2025. 1. -- ISBN 978-7-5113-9397-5

Ⅰ. C913.2

中国国家版本馆CIP数据核字第2024EJ3151号

做一个通透清醒的女人

编　　著：懂小姐

出 版 人：杨伯勋

项目策划：青书青创

责任编辑：罗路晗

封面设计：吕　轩　姜国鹏

版式设计：王　珂

经　　销：新华书店

开　　本：880毫米×1230毫米　1/32开　印张：7　字数：176千字

印　　刷：三河市金元印装有限公司

版　　次：2025年1月第1版

印　　次：2025年1月第1次印刷

书　　号：ISBN 978-7-5113-9397-5

定　　价：59.00元

中国华侨出版社　北京市朝阳区西坝河东里77号楼底商5号　邮编：100028

发 行 部：（010）64443051　传　真：（010）64439708

真正的力量源自内心，
它无畏无惧，坚定不移。

序：爱自己是人生第一课

闭眼思考一个问题：此刻你生命中最重要的人是谁？

是你的伴侣、父母、孩子、兄弟姐妹，还是挚友？尽管你可能深爱着他们，但你生命中最重要的人其实是你自己。无论你此刻是否相信，这都是一个无法回避的真相。我们从小被教导，将自我置于首位是自私的行为。然而，自爱绝非“自私”，它是成为一个更加友善、慷慨之人的基础，以下便是原因。如果你不爱自己、不尊重自己，那么你便缺乏向他人展现他们应得的爱与关怀，或是吸引自己应得的爱与关怀的基本能力。

为何自爱能创造更多的爱

你生命中的一切以及每一个人，都会受到你与自我关系的影响。如果你与自己的关系不健康，那么你关心的人、遇见的人以及每一个出现在你生命中的机会，都将受到负面影响。当你相信自己值得被爱、尊重、钦佩和成功时，他人也会如此相信。

守护你最宝贵的财富

想象一下，你是生命这场接力赛中的一员，而你心爱的人和追求的事业就是你的队友。要想让队伍赢得胜利，你必须让自己保持在最佳状态。因为，你就是自己最宝贵的财富。当你关爱自己、珍视自己，不断让自己变得更好时，你就能以最好的状态为家人、事业或是梦想全力以赴。照顾好自己，是你的责任，也是你对团队的承诺。如果不这样做，最终可能会让关心你的人承受重负。其实，爱自己并不是自私，而是对周围人最深的爱。

仍有疑虑？请继续阅读。

为何爱始于将自己置于首位

想象一位母亲和她年幼的儿子在飞机上。突然，飞机遭遇严重颠簸，机舱压力下降，氧气面罩自动脱落到他们面前。她惊慌失措，不顾空姐的明确指示，先疯狂地试图帮助儿子戴上氧气面罩，而不是先为自己戴上。就在她即将失去意识之际，她意识到了自己行为的愚蠢，于是立即为自己戴上了氧气面罩，最终她冷静而顺利地帮助儿子戴上了他的面罩。他们最终安全着陆，虽然有些惊魂未定，但如释重负。

为何你应全然“清醒”地生活

上述故事是一个严肃的比喻，但却充满哲理，它告诉我们自爱是多么重要。在生命中，要通透清醒、充满力量，为自己和他人的生活做出最大贡献，你需要优先关注自己内心、头脑、身体和灵魂的福祉。如果你没有这样做，而是分心、过度劳累、疲惫不堪，并且感到焦虑、沮丧、挫败或愤怒，那么你便无法为自己的生活增添价值，更不用说为别人的生活增添价值了。

生活，应当绚烂如花

随着年龄的增长，我们开始疑惑为何同样的问题总是困扰着我们，比如失败的恋情、对承诺的恐惧、缺乏动力、体重问题、玩物成瘾等。这些未解决的问题常常导致自责和憎恶。我们会认为，事情出错并且永远会出错的原因，是因为我们在某种程度上有错、无能、懒惰、软弱，或者我们不值得拥有更好的。

我们看不见心底那些被深藏的情绪和记忆，就像地面上的人看不见地底的暗流涌动。于是，我们开始向生活低头，放弃了对自我和梦想的追求，而实际上，我们内心深处一直拥有迅速改变生活的力量，只需学会自爱。

学会自爱以改变生活

不喜欢自己的人，最终会创造出不喜欢的生活；而那些已经学会自爱的人，最终会爱上自己的生活。这并非因为他们完美无缺，或者一直过得很好（有时恰恰相反），而是因为他们勇敢地面对了生活中的坎坷和挑战，努力去理解那些隐藏在过往经历中的伤痛和阻碍，这些经历曾让他们质疑自己的价值，削弱了他们的自爱。

但他们没有放弃，而是学会了如何运用内心的力量，无论是清醒的意识还是深藏的潜意识，去重新点燃那份对自己深深的爱。

你足够好，一直如此

想要拥有克服问题、困境和执念的能力，迅速过上你渴望且应得的幸福生活吗？第一步是真正相信自己足够好，一直如此，也将永远如此。在你的童年或成年时期，你可能曾不假思索地接受了他人的负面且错误的看法，而没有意识到最重要的看法来自你自己。一旦你决定了自己是谁，并且相信自己，发现了自己的天赋，并且相信自己的天赋，你便势不可当。

如果你长久以来都深信自己不够可爱，而现在想要学会自爱却不知从何下手，别担心！此刻，你手中这本书会一步一步引导你，用简单实用的方法，去发现你内心深处真正的自己——那个充满自信、力量和无限可爱的灵魂。

你始终拥有选择的力量

我们无法控制生活中会遇到什么，但我们可以决定怎样去面对和回应。你可以主宰自己的想法、信念，还有对自己的话语。一旦你掌握了内心的对话，周围的世界也会随之变得不同。你能从每个经历中提炼出最好的部分，让它发光发热。

对自己说话时，请温柔以待，充满正能量，让心灵得到安慰。别忘了鼓励自己、赞美自己，给自己打气。时刻提醒自己：你足够优秀，你非常重要，你独一无二，你拥有无限可能。

你值得拥有爱和富足

爱，不能光靠别人给，它得从心里长出来。如果你对自己都不好，又怎么能期待别人好好爱你呢？如果这样，你给周围人树立的榜样也就不太好了。但反过来，如果你用爱、善良、耐心、尊重和感激去对待自己，周围的人也会被你感染，学着这样对待你。所以，要相信自己，当你心中有爱时，整个世界都会跟着你一起美好起来。

CONTENTS

目录

第一篇 我们向往星辰大海，而非烟尘人间

第二篇 不做低端感情里的福尔摩斯

第三篇 所有的好都不如刚刚好

第四篇 会说话的女人，到底有多厉害？

第五篇 美出高级感 形象走在能力前

第六篇 女生一定要知道的“富婆”思维

附录 读懂别人的故事 过好自己的人生

后记：人类社会也曾经历过“女权盛世”时代

第一篇

我们向往星辰大海，而非烟尘人间

她们说：这个时代对女人的要求很高。

如果你选择成为职场女性，

会有人说，你不顾家庭是个糟糕的妈妈；

如果你选择成为一个全职妈妈，

又有人会觉得生儿育女是应尽的本分；

但事实却是，女人不应该被爱情和婚姻定义。

因为努力工作，我才有了选择的权利。

——电视剧《都挺好》苏明玉

我生来就是高山而非溪流，

我欲于群峰之巅俯视平庸的沟壑；

我生来就是人杰而非草芥，

我站在伟人之肩藐视卑微的懦夫！

——云南省丽江市华坪县女子高级中学校训

学会爱自己，风生又水起

字字珠玑

休言女子非英物，夜夜龙泉壁上鸣。

——秋瑾《鹧鸪天·祖国沉沦感不禁》

丁香结子芙蓉绦，不系明珠系宝刀。

——（清）曹雪芹《姽婳词·其三》

哲理小故事

夜幕低垂，城市的灯火渐渐亮起。玫瑰坐在窗前，手中紧握着那幅未完成的画作，眼神空洞地望着远方。屋内，陈宸生推门而入，打破了这份宁静。

“玫瑰，又在看这幅画呢？”陈宸生的声音里带着几分不易察觉的疲惫。他走到玫瑰身边，试图用温柔掩饰内心的变化。

玫瑰没有抬头，只是轻轻叹了口气："是啊，以前我可以随心所欲地买任何想要的东西，现在，连画幅画都买不起颜料了。"

陈宸生闻言，眉头微皱，心中闪过一丝愧疚，但很快被自我安慰取代："你现在不是有我吗？我负责赚钱养家，你照顾好家里和孩子就好。"

"可你知道吗？这种手心向上的日子，让我觉得自己像只寄生虫。"玫瑰终于转过头，直视着陈宸生的眼睛，眼中闪烁着复杂的情绪，"我曾经也有自己的梦想和事业，为了你，我放弃了那么多。"

陈宸生愣了一下，他没想到玫瑰会如此直接地表达不满。他试图解释："我只是希望你能过得轻松些，不用那么辛苦。"

"轻松？可我并不觉得快乐。"玫瑰的声音有些哽咽，"你创业成功后，一切都变了。你不再像以前那样宠着我，反而开始打压我，甚至想要剥夺我的股份。"

陈宸生的脸色变得难看，他辩解道："那是因为我想给你更好的生活，股份变更是为了公司的经营和壮大。"

"可你问过我想要什么吗？"玫瑰的声音提高了几分，"我想要的不是物质上的富足，而是你的尊重和理解。你私自接妈妈来住，在我面前说家乡话，我又听不懂，这些都让我觉得自己是个外人。"

陈宸生沉默了，他深吸一口气，也不愿意压抑心中的情绪，反问玫瑰道："我妈就说几句家乡话，你至于吗？"

"至于吗？"陈宸生的话如同一块巨石，沉甸甸地压在玫瑰的心头。她没想到，自己的情感诉求在他眼中竟是如此微不足道，甚至被轻描淡写地以一句"我妈就说几句家乡话"来回应。

玫瑰的眼眶湿润了，但她努力不让泪水落下。她深吸一口气，让自己的声音尽量保持平稳："至于，非常至于。这不仅仅是几

句家乡话的问题，它关乎我在这个家的位置，关乎我是否被尊重和理解。而我，为了这个家，放弃了自己的事业，现在连买画的颜料 50 元都拿不出来。”

玫瑰的声音里满是苦涩与无奈，她曾是一个有梦想和追求的职业女性，但为了家庭，她选择成为那个默默付出的人。然而，现在的她却发现自己陷入了前所未有的困境——经济上的不独立让她在这段关系中失去了话语权，甚至是最基本的自我认同都失去了。

陈宸生愣住了，他从未真正思考过玫瑰放弃事业背后的牺牲与代价。他一直以为，只要物质上给予满足，就是对玫瑰最好的补偿。此刻，他看到了玫瑰眼中的绝望与无助，心中涌起一股前所未有的愧疚与自责。

“我……我没想到会这样。”陈宸生的声音有些颤抖，“我一直以为，我赚的钱足够我们生活得很好。我……我忽略了你的感受和需求。”

玫瑰苦笑了一下，她知道，现在说这些已经太晚了。“够了。”玫瑰站起身，目光坚定，“我已经决定了，我要重新开始我的事业。我不能再这样依赖你，我要找回属于自己的价值和尊严。”

陈宸生看着玫瑰决绝的背影，心中五味杂陈。他意识到，自己或许真的失去了那个曾经愿意为他付出一切的玫瑰。

懂小姐说

经济基础是自尊自爱自立的底气，也是抵抗未来万千变数的安全退路。

在这个纷繁复杂的世界中，我们需要明亮鲜艳地活着，还是要选择“自挣万两金”，才能做到“纵有狂风拔地起，我亦乘风破万里”。

女子当自强，事业之路应是自己最坚实的后盾，而非寄望于他人。昔日的玫瑰，犹如翱翔天际的鸟儿，财务自由，随心所欲地追逐梦想与喜好，无须为金钱所累。然而，步入与陈宸生的婚姻殿堂后，她竟因区区 50 元而陷入窘境。这份落差，令人唏嘘不已。

回首往昔，若玫瑰能坚守初心，专注于自己的事业版图，以其不凡的能力与智慧，定能在职场上绽放异彩，成就一番非凡事业。

命运的转折，或许就在一念之间。或许，玫瑰会做出不同的选择，避开那段令人心伤的婚姻，或是即便携手陈宸生，也能保持经济独立，享受无拘无束的爱情生活。

因此，无论是男性还是女性，都应铭记于心：切勿轻易为爱情放弃自己的事业。唯有双方各自独立，势均力敌，方能构筑起坚不可摧的爱情堡垒，让爱情在岁月的长河中历久弥新，绽放永恒的光芒。

成大事的女生都是“雌雄同体”

字字珠玑

男人的极大幸运在于，他，不论在成年还是在小时候，必须踏上一条极为艰苦的道路，不过这又是一条最可靠的道路；女人的不幸则在于被几乎不可抗拒的诱惑包围着；她不是被要求奋发向上，只被鼓励滑下去到达极乐。当她发觉自己被海市蜃楼愚弄时，已经为时太晚，她的力量在失败的冒险中已被耗尽。

——[法]西蒙娜·德·波伏瓦《第二性》

哲理小故事

39 岁的 Z 小姐，在互联网大厂工作过，见过公司上市的大场面，手里还攥着原始股。她带过百来人的团队，负责过一整条业务线，事业最巅峰的时候，三个事业部的新媒体运营都是归她管的。那时候的她，总觉得自己特别了不起。

但是人生，总是得有点儿波折才能让人清醒。直到有一天，因为整个行业不景气，Z 小姐失业了，她才猛然发现，离开了那份工作，自己竟然连赚钱的能力都没有了。从那以后，Z 小姐不再留恋过去的那些标签和所谓的 title，她开始思考自己的兴趣爱好和擅长的领域。

于是，Z 小姐“抛夫弃子”，独自前往深圳加入了两个合伙人的团队。这两位合伙人拥有雄厚的资金和丰富的资源，而 Z 小姐会运营、懂设计。他们之间的合作似乎是基于一种互补的需求，一拍即合。

Z 小姐希望通过合伙人的资源让自己快速起飞。

结果，你也猜到了，不尽如人意。

在商海的浮沉中，Z 小姐逐渐领悟到了几个道理：

1. 要想合伙创业，首先得有自己的基本盘，你得先把 0~1 这个阶段给走通了。这样，一旦遇到贵人，他们就能帮你把事业推向更高的层次。

2. 如果你还在 0~1 这个阶段挣扎，没有建立起自己的根基，那么就得沉得住气，专心修炼自己的内功。这时候，你身边的那些大佬再牛，都跟你没啥关系。

3. 做事得脚踏实地，把自己分内的工作做好。比如，你得用心去写每一篇文章，去拍每一个短视频，去做每一次咨询和转化。就这么简单。

4. 自己所掌握的运营和设计上的能力不过是一种职场上的知识性技能，一旦脱离了公司的平台，它们的价值就大打折扣。这就是为什么很多职场高手出去创业后，往往连老本都赔光的原因就在于他们缺乏打造商业闭环的能力。

再次经历挫折后，Z 小姐决定对大佬“祛魅”，自己创业。创业初期，Z 小姐身兼数职，她要负责公司的日常运营，还要上阵谈客户、做设计。有时候，为了赶一个紧急的项目，她甚至要熬夜到凌晨。

她曾经因为资金短缺而焦头烂额，也曾经因为客户的不理解而倍感挫败。但她克服了一个又一个的困难，让公司逐渐生存了下来。在这个过程中，Z 小姐并不仅仅是一个“硬汉”。在创业的道路上，她展现出了女性特有的细腻，她善于倾听客户的需求，能够准确捕捉客户的心理，从而设计出符合客户期望的作品。同时，她还非常注重团队建设，经常组织团队成员进行培训和交流，让每个人都能发挥出自己的优势。

在 Z 小姐的带领下，她的设计公司不仅生存了下来，还逐渐在市场上打出了名气。前两天再见到 Z 小姐，她一个人带 6 个助理，一年干 1 个亿的生意，做到了行业的领军者。

Z 小姐去年买了 7 套房子，身边的朋友亲眼见证了她从低谷期到东山再起的过程。

但无论走到哪里，Z 小姐都保持着那份谦逊和低调。经历过人生的起起伏伏，她深知，**在真刀真枪的商业世界中，女性要闯出一片天，不仅要有女性的细腻和温柔，还要有男性的坚韧和果断**。成大事的女生，都是雌雄同体的。

懂小姐说

真正的高手几乎都是“雌雄同体”的。

女人要想成就一番事业，就必须把自己丢在万丈红尘中，在人上、事上、钱上狠狠磨炼自己，修炼自己的雌雄同体，刚柔并济。女人成长的最好方式，就是拥有“雌雄同体”思维，超越性别的界限，和男人一样宣扬野心、伸张欲望，真刀真枪地投入商业世界。没有什么“大佬”是可以依靠的。

少女心与骑士精神可以同属于你。

男性特质，通常被认为包括自信、果断、理性、竞争意识和领导力等。这些特质在职场和社会竞争中发挥着重要作用，使个体能够坚定地追求目标，勇敢地面对挑战，并在复杂的情境中做出明智的决策。

女性特质，如温柔、体贴、同理心、沟通能力和情感表达等，则在人际关系和情感交流方面具有显著优势。能够敏锐地感知他人的情感需求，给予关怀和支持，从而建立深厚而稳固的人际关系。

当一个人同时掌握并灵活运用这两种特质时，便形成了一种独特的魅力。

练就一身不羁之气 无惧无畏亦淡然

字字珠玑

当我们凶狠地对待这个世界时，这个世界突然变得温文尔雅了。

——余华《在细雨中呼喊》

哲理小故事

01>>

近日，在抖音上刷到一个“大妈赞”视频。发布者分享了她与母亲的一次旅行逸事。母女俩在出租车后座开心地自拍着，不料司机却用后视镜窥探，还不知廉耻地骚扰：“你们是外地来的吧，人生地不熟，晚上哥哥请你们吃饭，带你们好好玩玩。”面对这种情况，母亲没有退缩，怒而回应：“半截身子都埋土里了，还学这轻浮样，专心开车吧！”这番话不仅是对无礼骚扰的直接回击，更透露出一种“何惧骚扰，我自强大”的生活哲学。

在“大妈”眼中，所谓性骚扰不过是自取其辱的挑衅，她们根本不会为了面子而隐忍。她们，是一群无惧年龄、无视容貌与金钱束缚，以豁达心态拥抱生活的快乐族群。

反观当下，不少年轻女性，尤其是那些出身普通、家教严谨的女孩，自幼便被教导要温顺、谦让、隐忍，以和为贵，仿佛人生就是一场无尽的退让。然而，这样的教育虽能培养出温柔的性格，却也可能让她们在面对不公时显得无力与彷徨。她们需要的，正是从“大妈”们身上汲取的那份“不羁之气”——那是一种敢于发声、勇于捍卫自我权益的力量；是一种能够照顾自己情绪，不以传统女性角色为枷锁的自在；更是一种藐视一切偏见，自由而野蛮生长的态度。

02>>

44 岁的婉如一听到自己的名字被念到，心脏猛然一跳，几乎快要从胸腔里蹦出来。整整 20 年，她在这家国企兢兢业业，经历了职场上的风风雨雨，也见证了公司从最初的青涩到如今的庞大。然而，所有的努力和付出在这突如其来的裁员通知面前，顷刻化为乌有。

作为总经理助理的婉如被叫进赵博的办公室时，她的内心一片冰冷。赵博，那张脸总是笑容可掬，但那笑容背后总是带着一丝狡黠和算计。“婉如啊，你也知道，公司目前进行结构调整，需要减员增效。”赵博冷静而公式化地上演着他的官场话术，“无论过去你对公司的贡献如何，我们都得面对现实。下周我请你吃顿饭，也表示我个人的一些情谊。”

话里话外，赵博的态度令人窝火，但婉如还是压抑住内心的震惊和愤怒，问：“为什么选择我？”她的声音有些发抖，却带着不甘心的坚持。赵博轻轻叹了一口气，仿佛真的是替她感到惋惜："婉如，这是领导的决策，不是针对你个人。你的能力和成绩不得不承认，但这是大势所趋。"

婉如深知赵博口中的"领导"是谁，实际上一切的黑幕操纵都是来自赵博和高层某些影子般的人物。她感受到一股无形的力量正将她推出局外，她的心一阵绞痛，她回忆起自己为公司做出的每一份贡献，回忆起每一个加班的夜晚。她始终相信勤奋和智慧可以改变现状，但现在看来，这些努力却似乎成了某些人眼中的障碍。她明白，正是这些高层影子人物的存在，使得她的一切付出都变得苍白无力。

她坐在那里，脸上强忍住的平静只是在掩盖内心的波涛汹涌。她从赵博的办公室走出来，忽然感觉到肢体都有点儿僵硬，像是自己被抽掉了魂魄。回到办公室，她机械地收拾起了桌上散落的文件，那些她曾经花费无数心血完成的项目报告，如今显得那样遥远和不真实。

她这离职，说到底，是公司里那场看不见硝烟的战争结束后，自己不得不面对的结局。赵博这人，简直就是公司里的"笑面虎"，他一进会议室，看似有笑声，其实假得很。他曾经对着婉如笑过几回，那笑啊，听着爽朗，都藏着针呢。婉如还以为自己得了啥尚方宝剑，结果后来发现，赵博那是在布局，自己不过是颗小棋子，早被安排得明明白白。

婉如深知，这场骤然解雇不是终点，而是她反击的开始。

带着一股不屈的"不羁之气"，婉如直奔律师事务所，与经验丰富的丹律师会面。丹律师很快捕捉到了解雇通知中的漏洞，确认公司行为违法。"我要让他们知道，我婉如不是那么好欺负的！”婉如在丹律师的指导下，开始收集证据。

法庭之上，面对公司的种种狡辩与推诿，婉如不仅揭露了赵博等高层利用职权进行不正当牟利的真相，还展示了自己多年来为公司做出的贡献。最终，法院宣判公司违法解除劳动合同，要求公司支付高额经济赔偿，并公开向婉如道歉。这一结果，让婉如感到前所未有的畅快与解脱。

“我婉如，从不认命！”她在心中默念。这场保卫之战，她以勇气为刃，赢得了阶段性的胜利。

懂小姐说

女性要胜利，勇气是武器。

你相信吗？将一个不食人间烟火的女性锻造得冷静、成熟，有着一条看似残酷实则高效的路径：那便是在她最为春风得意、人生看似一帆风顺的时刻，突然给予她一记重创——这重创，或许源自伴侣的决绝离去，朋友的背后一刀，家人的冷漠旁观，事业上的一落千丈，乃至这几者联合。如此毁灭性的打击，足以让弱者万劫不复。可只要她没认输，甚至因为身处绝境，她还可获得人性在极致苦难中修炼的坚韧生命力。

一个独自走过逆境的女子，其背后隐藏的是一个强大而有力的灵魂，面对苦难，她“无惧无畏亦淡然”，她身上的勇气已被岁月磨砺得锋利无比。

✧无惧，是内心的强大。无惧，并非盲目冲动，而是建立在深刻自我认知与坚定信念之上的勇气。

✧无畏，是生活的真谛。无畏，实则是一种超脱与淡泊，它让我们学会放下不必要的执念，享受过程而非结果，从而体验到生活最纯粹的美好。

✧淡然，是自由的灵魂。淡然，实则是对世俗规则的一种温柔反叛，是对个性与自由的坚守。它鼓励我们活出真我，不拘泥于他人的眼光与评价，勇敢地追求内心的声音。

江湖很险恶，说撤就能撤？

多结交高质量的朋友圈

字字珠玑

多和漂亮的人接触，你都不好意思邋遢；多和有上进心的人接触，你都不好意思偷懒；多和会赚钱的人接触，你会发现，有钱人比你还拼。

——[日]稻盛和夫

哲理小故事

高中毕业后，牛文以优异的成绩考入了上海复旦大学，毕业后，她在一家互联网公司担任广告投放这一职位。然而，因个性过于张扬，短短一个月后，她选择离职，远赴美国深造。

在这片全新的土地上，她面对的是生活的重启与挑战的重压。为了排解心中的思绪与情感，她选择了一条独特的道路——通过采访与写作来探索与表达。

“在我心中，一直藏着一个小小的梦想，那就是采访金刚狼扮演者休·杰克曼所开设的咖啡店。”带着这份憧憬，牛文踏进了那家位于纽约的咖啡馆。她向店员自我介绍：“您好，我是来自中国的一名博主，曾有机会采访过世界各地的企业家。听说这家咖啡店与杰克曼先生有着不解之缘，我非常希望能有机会进行一次访谈。”然而，初次尝试并未如她所愿，店员只是投以疑惑的目光，礼貌地询问她需要点什么饮品。

面对这样的回应，牛文并未气馁。她深知，梦想的实现往往需要不懈的努力与坚持。于是，她一次又一次地回到那家咖啡店，利用每一次购买咖啡的机会，试图与店员建立联系，表达自己的采访愿望。经过五次不懈的尝试，她的真诚终于打动了店员，得到了一个宝贵的线索：“这家咖啡店实际上是由杰克曼的合伙人大卫先生负责日常运营。如果你想见到他，下周一早上 8 点是个好时机。”

这次意外的转机让牛文兴奋不已，她精心准备，最终如愿以偿地完成了对这家咖啡店的采访。在美国留学期间，她还主动请缨，成为硅谷一家知名科技媒体的志愿者，利用这个平台撰写了大量深入人心的科技文章，不仅锻炼了自己的写作与分析能力，还结识了众多投资人及行业精英，为自己的未来铺设了更广阔的道路。

同时，牛文更是将目光投向了女性领导力领域，通过个人努力，一对一访谈了众多杰出女性领导者，不仅记录了她们的成功故事，更与这些行业大咖建立了深厚的友谊。

两年后的冬天，当牛文站在雅典娜国家青年专业领导奖的领奖台上，她深知这一切成就离不开身边优秀领袖与大咖的指引与帮助。回望来时路，从 18 岁只身赴沪到如今站在国际舞台，她以亲身经历诠释了“圈子决定未来”的真谛。

她坚信，真正的改变始于与优秀人士的相遇与相知。

懂小姐说

所有女生一定要学会向上社交，多结交高质量的朋友圈。因为，换圈子等于换人生。

✧ 打工者的圈子

谈论的是工资和提成，思考的是吃什么、穿什么，如何应对老板。

✧ 生意人的圈子

谈论的是产品、渠道、资源，如何挖掘人才，如何突破风口，赚的是利润和差价。

✧ 创业者的圈子

谈的是行业模式价值，思考的是升级和迭代，赚的是估值板。

✧ 投资者的圈子

谈的是眼光、政策、趋势，思考的是社会本质，研究的是资本运作，赚的是市值。

20 岁到 40 岁最致命的
不是兜里没钱，而是“信息闭塞”

字字珠玑

所谓有趣的灵魂，实际上就是这个人的信息密度和知识层面都远高于你，并愿意俯下身，去听你说那些毫无营养的废话和你交流，提出一些你没有听过的观点，颠覆了你短浅的想象力及三观。

——[英]奥斯卡·王尔德

任何一次商机的到来，都必将经历四个阶段：“看不见”“看不起”“看不懂”“来不及”。

——马云

哲理小故事

每天忙忙碌碌，年底一看，钱包空空还欠了一屁股信用卡债，心里那个憋屈啊，简直想哭！我们真的不够努力吗？还是说运气不好？其实都不是，关键在于我们忽略了“信息差”这座金矿。

想象一下，有人竟然靠着不起眼的刷碗布，在某个平台上赚得盆满钵满，接近300万元！听到这消息，我整个人都惊呆了，原来赚钱还可以这么玩！这就是信息差的力量，它能让不起眼的东西变成摇钱树。

说到赚钱，不得不提那部超励志的电影《当幸福来敲门》。男主从穷困潦倒到逆袭成富人，转折点就是他勇敢地问了那个开跑车的有钱人怎么赚钱。人家告诉他做股票经纪人，他照做了，结果就飞黄腾达了。这对男主来说，就是一个天大的信息差，因为他之前根本不知道钱原来还能这么赚！

咱们也一样，别小看那24小时，同样的时间，有人做销售累死累活赚不到啥，但股票经纪人一个电话可能就抵你好几年的辛苦。说到底，还是信息差的问题。信息差越大，知道的人越少，竞争就小，赚的钱自然就多。

所以，想在事业道路上越走越顺的女生们，咱们得学会利用信息差。别老是埋头苦干，也得抬头看看外面的世界，找找那些别人不知道但赚钱的门路。金融、高科技、移民、留学这些领域，都是信息差大的地方，值得我们去琢磨。

再举个例子，日元汇率有段时间一直跌，去日本旅游买东西超划算。LV的包，在日本买比国内便宜两成多，代购们都忙疯了。我有个朋友在日本开拉面馆，顺便做做代购，3个月就赚了30多万元！这告诉我们，赚钱真的不难，关键是你要有眼光，会利用信息差。

这世界上总有你我不知道的赚钱秘诀。多问问、多看看、多学学，信息差就是通往财富大门的钥匙！

懂小姐说

你永远赚不到认知以外的钱。

如今，咱们身处的是一个信息爆炸的时代，但奇怪的是，咱们仿佛被困在了一个个“信息茧房”里。每天，手机上的那些热门APP，像抖音、快手、公众号、小红书、淘宝等，它们就像是最懂你的魔法师，用算法给我们变出一个个量身定做的信息世界。你刷抖音遇到的是跳舞的小姐姐，但你朋友可能正沉浸在商业智慧的海洋里，这就是互联网世界中的“一人一世界”。

马云说过，赚钱最快的四条路分别为：信息差、认知差、执行差、竞争差。

✧信息差：我知道，你不知道；

✧认知差：我懂得的，你不懂；

✧执行差：你我都懂，只有我去做；

✧竞争差：你我都做，我做得更好。

迈出第一步，打破信息差，我们才能向下扎根，向上突破，野蛮生长。

越爱面子，越没面子

字字珠玑

面子是一个人最难放下的，又是最没用的东西。当你越是在意它，它就越发沉重，越发让你寸步难行。

——亦舒

大胆去做，不要怕，我们不过是宇宙里的尘埃、时间长河里的水滴。所以，没有人在乎。就算有人在乎，人又算什么东西？

——[英]毛姆

哲理小故事

现代社会，每个人的生活轨迹各不相同。下面要分享的，正是一段关于财富、尊严与成长的故事。

我们且称这个故事的主人公为黄小姐。近日，黄小姐以一名大学生的身份，踏入了一幢豪华别墅，负责为这里的主人整理衣物、打扫卫生。

在服务过程中，别墅的主人静静地观察着黄小姐，若有所思。突然，他向黄小姐提出了一个尖锐而直接的问题：是否觉得这样的工作身份与她的大学生背景不符，甚至令人感到难堪？面对质疑，黄小姐的回答很坦然："不，我并不觉得丢人。因为这份工作能给我每月两万八千元的收入，于我而言，两万八千元远比虚无的面子更加重要。"

她的回答，似乎触动了他，他激动地表示赞赏黄小姐的魄力和清晰的头脑，甚至开玩笑说如果自己的女儿能有她这样的觉悟，他愿意立即将家族产业转给女儿。

尽管在场的富二代小姐对这番对话投以不悦的目光，但黄小姐敏锐地捕捉到，别墅主人的话语中蕴含了更深层的含义——或许是对她勇气与智慧的认可，也可能是对年轻一代寄予的厚望。离开时，别墅主人在转账付款后告诉黄小姐，年轻时他也曾像她一样，面对尴尬的时刻远比风光的时候多，但正是这种勇于面对现实的态度让他能够成功。

其实，那些从无到有、白手起家的成功人士，往往都拥有一个共同的特质——他们敢于放下身段，不畏人言。正是这份勇气与坚持，最终铸就了他们的辉煌。

乔布斯有句话，说得挺直白，但道理不糙："我特别喜欢和聪明人交往，因为我不用考虑他们的尊严。"

懂小姐说

任正非说过这样一句话：面子是给狗吃的。

在现实生活中，我们会发现这样两类人：一类人，当他们摆起小摊，面对顾客却羞涩得连头都不敢抬起；或是尝试开店营业，手里拿着传单步入街头，却因内心的胆怯而不敢轻易递出，最终门可罗雀。

与之形成鲜明对比的是另一类人：有的摊主，他们不仅大声吆喝，更以真诚的笑容和顾客打成一片，摊位周围总是人头攒动，热闹非凡；同样，那些勇于走出店铺，手持大喇叭，在街头巷尾大声吆喝招揽顾客的店主，店铺往往宾客盈门，生意兴隆。

这两类人，你想成为谁呢？

只有放下面子，
才能过好日子。

有一种穷叫“认知贫穷”

字字珠玑

花半秒钟就看透事物本质的人，和花一辈子都看不清事物本质的人，注定是截然不同的命运。

——[美]马里奥·普佐《教父》

哲理小故事

有这么一个真实的故事，说的是个小伙子，初中一毕业，就跟着乡亲去了上海打工，整天在建筑工地上挥汗如雨，一干就是好几年。说起来，他在学校的时候成绩可不差，中考还考上了市里的重点高中呢。要是那会儿继续念下去，大学梦也不是遥不可及。

可家里老爷子想法不一样，他拿起算盘啪啦啪啦一算：哎呀，高中三年加大学四年，这钱得花多少啊？更关键的是，七年光阴就这么“浪费”在书本上了，不划算！于是，他跟儿子说：“咱家条件有限，读那么多书没啥用，认得几个字能算数就行。早点出去赚钱，房子车子票子，啥不都有了？你看那些大学生，毕业了还不是得自己找工作？”

老爷子这话，后半截倒也没错，找工作这事儿，谁都逃不掉。但他没想到的是，那找工作的性质可大不一样。大学生找的，往往是那些有技术含量、能长见识、晋升空间大的好职位；而初中文凭呢，很多时候就只能干些体力活，或是简单重复的工作，天花板一眼就望到头了。

人生就像是在大海上航行，每天都要做无数个选择。而这些选择的对错，很多时候，就看咱们脑袋里的“指南针”——认知水平。认知水平低的人，就像是雾里看花，判断起来就容易偏颇，结果走着走着，路就窄了，机会也少了。

所以咱们尤其是女生们得多读书，多思考，多开阔眼界，让脑袋里的“指南针”更精准，让自己的路越走越宽，越走越亮堂。

懂小姐说

《易经》中说：“小财靠勤，大财靠德，德不厚，无以载物。”在市场中待得时间越久，就越认识到，财富是一场修行。一个人的认知和修为必须与自己拥有的财富相匹配。

那些仅凭出卖时间与体力换取生活之资的人们，往往止于微末之财的累积。究其缘由，皆因一日之中，时光匆匆，精力有限，难以分身多处耕耘。

环顾四周，不乏勤勉工作的青年身影，他们日出而作，日落不息，然而鲜有人能跨越那道通往真正富足的门槛。

真正的贫困，并非无屋可居、无车代步，亦非囊中羞涩、家徒四壁，它是脸上的肤浅，是眼中的空洞，是心灵的空白，是思维的贫困，是精神的匮乏。一个人最宝贵的，便是她的认知水平。

人际关系的底层逻辑是“价值互换”

字字珠玑

一个人混到最后，一个朋友也没有，往往只说明了一个问题：他身上没有值得别人交往的价值。

——莫言

人际交往在本质上是一个社会交换的过程，相互给予彼此所需要的。

——［美］社会心理学家 霍曼斯

哲理小故事

有这么个故事，程远的孩子今年要上学了，他突然想起中学同学小李在孩子要就读的学校当教导主任，但程远和小李平时都没联系。程远心想：孩子教育可是大事。出于对孩子未来的考虑，程远决定给老同学打个电话，看看能不能为孩子在学校的学习和生活添一份助力。

电话接通，小李的声音中带着一丝意外，毕竟这些年大家各自忙碌，少有交集。程远简单寒暄了几句后，便提到了孩子上学的事情。小李初时有些为难，但随后他似乎想起了什么，语气变得热络起来。

“哎呀，老同学，这么多年没见了，真是时光飞逝啊。”小李笑着说道，“说起来，你爱人不是在某某医院工作吗？她可是个了不起的专家啊！”程远心中一动，立刻明白了小李的言下之意。原来，在这个快节奏的社会里，每个人都在寻找着属于自己的“资源”和“价值”。而他们，在不经意间，找到了彼此需要的“价值”。

于是，一场饭局自然而然地定了下来。饭桌上，他们谈笑风生，回忆往昔，同时也分享着各自的生活和未来的打算。程远感受到了小李的热情与真诚，而小李也从程远的话语中感受到了他的友善与信任。

这顿饭，不仅仅是对过去友谊的怀念，更是对未来合作与支持的铺垫。大家都知道，在这个复杂多变的世界里，人际关系往往建立在相互需要和价值交换的基础上。但程远和小李更珍惜的是，即使在这样的背景下，依然能够保持一份纯真与真诚。

正所谓，有价值才有交换，有交换才有关系，人际关系就是这个规则，不以个人意志为转移，与其批判这个规则，不如适应、利用好这个规则。所谓活得通透就是如此。

懂小姐说

不管你多么善良，当你没价值时，就算你温柔得像只猫，别人都嫌你掉毛。

人与人之间所有关系的底层逻辑，绝对是价值共赢和互换，绝不是讨好，更不是单方面的付出与牺牲。举例来说，职场中，同事之间之所以能长期合作，往往是因为他们在专业技能、工作经验上能够互补，共同推动项目成功，实现职业成长；而在友情里，真挚的情谊往往建立在相互理解、支持与鼓励之上，双方都能从对方身上获得情感慰藉与生活智慧。这样的关系才能历久弥新，而非仅靠一方的不断讨好来维持。

所以，在人际关系中，我始终秉持着价值共创与互惠的原则。无论是与员工、合伙人、老师、丈夫、公婆，还是与亲生父母相处，我都注重思考自己能为他们带来的价值。我相信，只有当我能够为对方提供价值时，才能赢得他们的尊重与爱。

这种对底层逻辑的清晰认知，也促使我成为一个高度自律的人。在面对各种诱惑与选择时，我能够迅速评估其长远价值，从而做出更加明智的决策。例如，拒绝无意义的社交应酬，转而投资于个人成长与知识积累，以期在未来赢得更广泛的认可与尊重。

就员工管理而言，我也强调价值导向与结果导向。那些试图通过讨好员工来维护关系的做法，往往是缺乏自信与价值认知的表现。真正强大的领导者，应当通过自身的价值创造力与影响力，吸引并留住优秀的员工，共同推动团队与组织的持续发展。

记住，任何关系的本质都是价值交换：拿你有的和别人换你想要的，就是这么简单。

如果认不清这个本质，就会一直生活在痛苦当中。

有朋友当然很好，
没朋友一个人也可以很好，
挤不进去的圈子我要怎么硬挤呢？

我超会赚钱
因为我的时间颗粒度小

字字珠玑

人生一世，也不过是一个又一个二十四小时的叠加，在这样宝贵的光阴里，我必须明白自己的选择。

——三毛

哲理小故事

一个叫唐安妮的跟大家聊起了她的一个小故事。

有天，她的朋友邀请她去吃晚饭，她问：“咱们大概几点见呢？”结果朋友说：“别急，到时候再看吧，反正有大把时间，一天都空着呢。”

唐安妮解释说：“我其实只能空出大概 3 个小时来。”没想到，朋友一听就笑了，说：“你怎么每次见面都掐着小时算啊？

咱们好久没聚了，怎么着也得花上一整天的时间好好聊聊！”这时候，唐安妮心里就琢磨开了——关于“时间颗粒度”。她发现，自己之所以能坚持写作9年，还取得了不小的进步，很大程度上是因为她把时间分得特别细，每个小段都利用得很好。用平时的话来说，就是她特别珍惜每一分每一秒，不让时间白白溜走。

你是不是也常遇到这样的情况：正吃着饭，不自觉地开始刷手机视频，回过神来，半小时已经过去了；朋友的信息一来，不知不觉间，又闲聊了一小时；出门买个东西，碰到人群聚集，好奇心驱使下，又去围观看热闹了。刘润老师提到的“时间颗粒度”，其实就是我们衡量每件事所需时间的最小单位。想象一下，你设定每次吃饭只用10分钟，那这10分钟就是你吃饭的时间颗粒度。

前不久，微信群里有人晒出了自己的时间账单，引起了一片共鸣。一天中，睡觉占去7小时，工作（不含加班）8小时，看似还剩下9小时的自由时间，挺充裕的，但细算之下才发现这自由时间几乎被各种琐事蚕食殆尽：上下班路上，2小时都花在刷手机上；三餐时间，与同事边吃边聊或刷手机，又耗去了2小时；每日两次的蹲厕所，也因刷手机短视频延长了40分钟；早晨的洗漱，竟也能花1小时；晚上回到家，追剧、闲聊，至少又去了1小时；洗澡、洗衣、打扫卫生，拖拖拉拉又是1小时。

这样一算，好像还剩下80分钟的“空闲”时间，但稍不留神，多刷几下手机，或是处理个小事，这点时间就消失得无影无踪了。这份时间账单，简直就是许多人的日常缩影。原本几分钟能搞定的小事，总是拖成几十分钟；本该用于自我提升的时间，却在无意识中消耗在了无意义的活动上。

懂小姐说

其实，每个人都有自己的时间颗粒度，有的人时间颗粒度大，有的人时间颗粒度很小。真正厉害的人，时间颗粒度都很小。譬如说，王健林的时间颗粒度，大约是 15 分钟；比尔 · 盖茨的时间颗粒度，大约是 5 分钟。

对于那些从未尝试过时间管理，也没回顾过自己时间咋用的人来说，他们对“时间颗粒度”这个概念是模糊的。就像老话说的：“不回头看看，就不知道日子咋过的。”想象一下，如果你每天过得迷迷糊糊、随大流，那你肯定不清楚时间都去哪儿了。

所以，第一步不是急着去压缩时间，而是要**找到自己的“时间颗粒度”**。你可以试着记录一下，比如吃饭花了多久，写一篇文章又耗了多少时间。如果写篇文章得 3 天，那你的写作“时间颗粒度”大概就是 3 天一个单位。

找到了自己的“时间颗粒度”后，接下来要做的就是看看能不能把它切得更细。比如，原本 3 天写一篇文章，想想办法，看看能不能缩短到 3 小时内完成？

我们的目标就是，先找到自己的“时间颗粒度”，然后一步步地尝试缩小它。当你能把时间分得越来越细，掌控力自然也就越来越强了。这样，你就能更清楚地看到，时间到底都花在了哪里，也就能更好地规划自己的时间和生活了。

女生必看纪录片，让你“自律成瘾”

字字珠玑

不能胜寸心，安能胜苍穹。

——（清）龚自珍《自春徂秋，偶有所触，拉杂书之，漫不诠次，得十五首》（其一）

名不显时心不朽，再挑灯火看文章。

——（明）唐伯虎《夜读》

哲理小故事

昨晚，晓楠一个人跑完了8000米的越野，到家的时候已经晚上10点多了。她累得够呛，衣服都被汗水湿透了，但心里那股子倔强劲儿还是让她站到了瑜伽垫前。

“哎呀，都跑这么远了，还做俯卧撑啊？”她心里的小恶魔开始嘀咕，“身上都湿透了，要不今天就放过自己吧？”

可晓楠是个有原则的姑娘，她瞪了心里的小恶魔一眼，自言自语道：“不行不行，说好的事儿就得做到！”于是，她深吸一口气，趴在垫子上，“一、二、三……”一口气先做了 20 个俯卧撑，开了个好头，剩下的也就没那么难了。

说起跑步，晓楠可是有好多故事。有人问她是怎么挤出时间跑步的，她就像个知心大姐姐一样，仔细听对方说完，然后笑眯眯地问：“你是不是晚上熬夜、早上起不来啊？”

对方往往不好意思地点点头，说：“是啊，觉不够睡嘛。”晓楠就乐了：“我跟你说啊，我以前也这样。但后来我发现，早起跑步其实一点儿都不难。你试试看，把晚上熬夜的时间用来睡觉，早上早点起，跑跑步，一天都精神！”

可对方还是犹豫：“但是，我真的好困啊……”

晓楠就摇摇头，心想：“这就跟减肥一样，总想着明天再开始，结果永远都减不下来。自律这事儿，得从现在做起，从自己做起。”

她想起自己弟弟戒烟的事儿，也是挺逗的。弟弟戒烟第 100 天的时候，在朋友圈晒了个截图，大家都问他是怎么做到的。弟弟回了一句：“哪有什么秘诀，就是想戒就戒了，别给自己找借口！”

晓楠觉得这话特别对，无论是跑步、戒烟还是早睡早起，都是一样的道理。刚开始的时候肯定难，但只要咬咬牙坚持下来，就会发现，原来那些看似不可能的事情，其实也没那么难。而且，一旦养成了好习惯，那种由内而外的充实和满足感，真的是比什么都让人上瘾。

所以，晓楠总是鼓励身边的人："别怕难，别怕累，只要开始了，就是成功的一半！"

懂小姐说

你想得到最好的东西，就得让世界看到最好的你。**自律上瘾的女孩子才是人间清醒。**

自律的过程往往伴随着挑战，所以，改变对自律的认知，理解其背后的动因和阻碍，是迈向成功的重要一步。下面这五部心理学纪录片，每部都针对自律过程中可能遇到的不同阻碍提供了见解和建议。

1.《习惯的奴隶》：这部纪录片探讨了习惯的力量，通过了解习惯的形成机制，我们可以更有策略地培养好习惯，同时有效地戒除坏习惯。这种认知上的转变，能让自律的过程变得更加顺畅和自然。

2.《瘦身十律》：对于许多希望改善体型的人来说，减肥无疑是一个充满挑战的过程。这部纪录片通过科学的角度揭示了减肥的真相，并提供了切实可行的建议。它不仅仅关注饮食和运动，更从心理、生理等多个层面探讨了减肥的奥秘，帮助观众建立正确的减肥观念。

3.《身份的焦虑》：身份认同和社会期望常常成为我们内心的枷锁，导致我们在追求自律的过程中感到迷茫和焦虑。这部纪录片通过探讨不同身份带来的焦虑感，帮助观众认识到自己的真实需求和价值观，从而减轻内心的负担，更加专注于自我成长和提升。

4.《睡眠的科学》：高质量的睡眠是高效生活和自律的基石。这部纪录片不仅强调了睡眠的重要性，还提供了多种改善睡眠质量的方法。通过了解睡眠的生理机制和影响因素，我们可以更好地调整自己的作息习惯，确保每天都能拥有充沛的精力和良好的精神状态。

5.《监视资本主义：智能陷阱》：在数字时代，智能手机和社交媒体已经成为我们日常生活中不可或缺的一部分，但同时也成了干扰我们自律的“元凶”。这部纪录片揭示了智能设备背后的算法和机制，以及它们是如何影响我们的行为和心理的。通过了解这些原理，我们可以更加理性地使用智能手机，避免陷入无休止的刷手机循环中。

做一个自律上瘾的人，把困难踩在脚下，把美好揽入怀中。

成年人的自律：
苦事不宣，乐事不扬，闲事不管。

第二篇

不做低端感情里的福尔摩斯

你确定他不会离开，这是安全感；
你确定自己不会离开，这是归属感；
双方都确定不会离开，这是幸福感。
最好的爱情是：
始于心动，终于白首，拥之则安，伴之则暖。

——林徽因

这世界上哪有相爱不能在一起的人，
如果有，那一定是有一个人撒了谎。
真爱，一定会不顾一切在一起。
如果不能在一起，无非也就是权衡利弊罢了，没有例外。

——张爱玲

我理解的爱是给我买花，
是去哪要主动告诉我，
是第一时间回复我的消息，
是坦诚，是信任，是只忠于我。
日落归山海，可我看到的爱，
是欺骗，是隐瞒，是背叛。

——懂小姐

早知惊鸿一场，何必情深一往

字字珠玑

你以为错过了就是遗憾，其实可能是躲过了一劫。别贪心，你不可能什么都拥有；也别灰心，你不可能什么都没有！

——弘一法师

哲理小故事

小易，平日里她的生活总是充满阳光和正能量。但每当爱情降临，她就像被施了魔法，情绪变得像六月的天，说变就变，让人捉摸不透。

这不，五一假期，小易满心欢喜地跟着男友回了他的老家——广东潮汕。但原本计划好的海边浪漫之旅，却因为一系列小插曲，让小易的心情跌到了谷底。

“说好要陪我去海边的，结果一直拖拖拉拉的，他们说的那些我听不懂的话，肯定是在背后议论我！”小易心里委屈极了，对着自己的好友林凡一股脑儿地倾诉，“还有啊，明明说好了是两个人的时光，他却把他姐姐也带上了！去海边才 5 分钟就急着走，这不是明摆着不想和我单独待一会儿嘛！”

林凡耐心地听着，温柔地解释道：“小易，你知道吗？你男朋友是潮汕人，那里的文化特别重视家族和亲戚。过年过节回家团聚，对他们来说是天经地义的事，这并不代表他不爱你。相反，这是他尊重自己文化传统的表现。”

小易若有所思地点点头，接着又补充说：“哦，对了，那天海边风特别大，还降温了。现在想想，他可能是担心我着凉才急着离开的。”

林凡微笑着点头：“看，你其实心里也明白他的好意。只是有时候情绪一上来，就容易让我们失去理智，做出一些冲动的判断。”

小易叹了口气，无奈地说：“哎，我就是控制不住自己，总是往坏处想，怀疑他这怀疑他那的。我知道这样不好，可我就是改不掉这个坏习惯。”

“这就是情绪化的力量，”林凡语重心长地说，“它让我们在恋爱中容易陷入自己的小世界，对一切细节都过分敏感，甚至把小事放大成大问题。但记住，真正的爱情是需要信任和理解的。当你开始怀疑对方时，不妨先冷静下来，想想事情的另一面。”

小易听了，这才恍然大悟。她意识到，自己在恋爱中过于情绪化了，总是把男朋友当作情绪的宣泄对象，忽略了他的感受和需求。“林凡，以后我会努力控制自己的情绪，不再那么任性了。”小易想了想。

林凡听完也笑了：“爱情是两个人的事，需要双方共同努力去经营。相信只要你愿意改变，你们的关系一定会越来越好的。”

懂小姐说

女性之所以有时玻璃心、情绪化且为情所困，往往源于两点：一是生活相对安逸，未曾深刻体验饥饿的滋味，即物质上的不满足感较少；二是社会历练不足，缺乏足够的挑战与磨难，即遭遇“社会毒打”的经历有限。当她们在生活的风雨中多经历几次挫败，被现实无情地拍打过后，会逐渐洞察人性的复杂与真实。这种历练，会让女性内心变得更为坚韧，思考更加理性与务实，不再轻易为情感所困。

当你习惯用情绪去解决一个问题，久而久之，你就会依赖对方，失去解决问题的能力。情绪化只会让一段恋爱变得味如鸡肋，所有美好的体验都抵不过你的怨气冲天。毕竟，谁都不愿意长时间生活在一个充满猜疑、指责和争吵不休的环境中。

最终，你会发现：早知惊鸿一场，何必情深一往。一个女人的高贵，不是你有钱有权，而是你风情万种，还懂得适时地“不走心”。

越理性的女人，活得越高级

字字珠玑

心软和不好意思，只会杀死自己。理性的薄情和无情，才是生存利器。

——[英]毛姆《人性的枷锁》

哲理小故事

01>>

在那段被文学之光逐渐照亮的日子里，脑瘫诗人余秀华，凭借着她不屈的意志与横溢的才华，终于站上了人生的新高度。随着名声的鹊起与经济的独立，她向丈夫提出了一个条件：“你这个月回来离婚给15万元，下个月回来给10万元，越晚回来给钱越少。”

余秀华的这一决定在家族里激起了涟漪。亲人们忧虑，余秀华如果急于摆脱旧日婚姻的枷锁，恐将背负“薄情寡义”之名，遭受世人的非议。余秀华心中亦非全然无惧，她深知，名声与舆论的力量足以让人却步，但她更清楚，自己已在这段无爱的婚姻中耗尽了所有的忍耐与期盼。

那段婚姻于她而言，无异于一场漫长的折磨。她，一个才华横溢却身有残疾的女子，嫁给了比自己年长 20 岁的老光棍，本期待着能寻得一丝温暖与依靠，却不料收获的尽是冷漠与轻视。她的残疾，非但没有得到应有的理解与呵护，反而成了丈夫嘲笑与奚落的理由。

终于，在经历了无数次内心痛苦的挣扎后，余秀华选择了勇敢地迈出那一步，即便前路未知，即便要面对世俗的冷眼与嘲讽。她毅然决然地结束了那段不堪回首的婚姻。

事实证明，余秀华是对的。

离婚后的余秀华，仿佛迎来了新生。她的生活变得更加舒心自在，诗集销量飙升，她更是登上了央视《朗读者》的舞台。2015 年，她荣获了女性传媒大会年度女性榜样的殊荣，并顺利加入了作家协会，成了文学界一颗耀眼的明星。

这一切的成就与荣耀，都源自她那份敢于舍弃的理性与果敢。

面对无法挽回的情感与无法改变的现状时，唯有勇敢地放手，才能轻装上阵。好女人的命运，往往就是从这份看似“薄情”的决绝中开始转折、绽放出属于自己的光彩的。

02>>

在热播剧《我的前半生》中，罗子君，那位曾沉浸在丈夫陈俊生宠爱中的全职太太，一夜之间，生活被突如其来的背叛无情撕裂，将她深深埋入绝望的深渊。

面对这突如其来的风暴，她经历了混乱、迷茫与锥心之痛，甚至一度试图以孩子的名义，挽回那份已逝的温情。然而，当现实的残酷如利刃般划破幻想时，她意识到，那个曾经誓言相守的伴侣，心已远扬，不再为她停留，不再共担风雨。

于是，罗子君展现出了令人钦佩的坚韧与决绝，她毅然将过往的恩爱与依赖化作云烟，封存心底。整理好自己的情绪，她踏上了重生的征途，从最不起眼的卖鞋工作起步，一步步重建自我，开启了全新的生活篇章。陈俊生的离去，让她深刻领悟到，心若已远强求无益，唯有放手方能前行。

再观林楠，她的遭遇同样令人唏嘘。丈夫的突然离世，如同晴天霹雳，但她却在短暂的哀伤之后迅速调整自己，丧假刚刚结束，便以超乎常人的坚强重返工作岗位，面对同事依旧能展露笑颜，仿佛一切如常。我们担忧她的内心是否真能如此平静，她却淡然回应，既然他选择了独自离去，那便是缘分已尽，强求不得。她深知，外界的议论或许会将她贴上“无情”的标签，但她更明白，唯有如此，才能为孩子们撑起一片天，继续生活下去。

懂小姐说

的确，人生路上，总有些离别来得猝不及防，有时连一句告别都显得奢侈。在这样的时刻，沉溺于悲伤与不舍，不过是徒劳无功。学会接受，学会放手，才是对自己对未来最好的交代。因为，生活总要继续，而前方，总有新的希望在等待。

有句话说得好，人生之旅，究其根本，乃是一场挣脱外界期待束缚，寻觅真我之旅。然而，在这条路上，又有几人能顶着“薄情寡义”“冷漠无情”的指责，勇敢地踏上追求自我之路？

初看之下，先考虑自己，似乎背负上了自私与对旁人的淡漠这样的标签，实则不然。唯有懂得自爱，方能滋养内心之泉，进而有余力润泽他人之田。敢于割舍那些无力改变之事，不沉溺于终将逝去的缘分，拥有那份被世界误解亦不退缩的勇气，我们才能于喧嚣尘世中坚守自我，先爱己身，再爱他人。

这样的女性，或许在外人眼中显得薄情而冷酷，实则是内心强大，活得通透。

人心换人心。
换不了的话，姐换人。

厉害的女人
感情态度一贯“杀伐果断”

字字珠玑

你要做的是，果断拒绝那些给你制造不安的人，远离那些让你经常陷入负面情绪的人，失去他们，是你幸福的开始。

——[日]加藤谛三

如果有人冤枉你吃了他的东西，你不要剖开自己的肚子以证清白，你应该挖出他的眼睛咽下去，让他在你肚子里，看看清楚。

——[英]丘吉尔

哲理小故事

01>> 在古装剧《甄嬛传》中，甄嬛从一个纯真无邪的少女，逐渐成长为后宫中的权谋高手。她的情感历程，既温柔又带着几分凄美，每一步都踏在了命运的刀锋上。

对于那高高在上的帝王之爱，甄嬛的心中既有少女怀春的憧憬与渴望，又有着超乎常人的清醒与理智。她深知，这紫禁城中的情爱，往往裹着权力的外衣，难以纯粹。因此，在皇帝的恩宠与冷落间，她学会了如何在情感的波澜中保持自我，默默承受，暗自筹谋。

而果郡王的出现，仿佛是冬日里的一缕暖阳，不经意间照进了甄嬛冰冷的心房。他的深情款款，让甄嬛那颗久经风霜的心再次感受到了温暖与悸动。然而，身份的鸿沟、责任的枷锁，让她不得不将这份情感深埋心底，化作夜深人静时的一抹泪光。她明白，个人的情感在家族的荣耀、宫廷的斗争面前，显得如此渺小且脆弱。

在这场情感的角力中，甄嬛展现出了非凡的智慧与勇气。她以情为刃，保护自己与所爱之人不受伤害；她以慧为盾，巧妙周旋于各股势力之间，不仅为自己在后宫中赢得了一席之地，更为身边的人撑起了一片天空。她深知“情深不寿，慧极必伤”的道理，她不会因为一时的情感冲动而迷失自我，也不会因为外界的干扰而轻易改变初衷。

02>>

《伊索寓言》里有这么一则故事：冬天里，一个农夫收完庄稼回家，路上碰到一条快冻僵的蛇。农夫心里一软，没多想就把蛇揣进怀里，想用自己的体温救活它。

可蛇一暖和过来，立马就露出本性，咬了农夫一口。毒液很快就在农夫身体里扩散开来，他疼得直打滚，最后只能眼睁睁看着自己没了气。

临死前，农夫后悔地说：“我本来是想做好事，可没想到自己懂得太少，反倒把自己的命给搭进去了。这就是报应啊！”

说起来，大伙儿可能觉得农夫挺善良的，但细琢磨，他更像是心软过头了。这就是《农夫与蛇》的故事，告诉我们善良虽好，但也得有智慧，别让自己吃亏上当。心软和善良，听起来差不多，都是热心肠，愿意帮人。可关键区别在于，善良是主动出击，心里有数；心软往往是被动反应，感情用事。

老话说得好：“小善可能办坏事，大善看着倒像无情。”小善，就像农夫那样，心软得没边；大善，才是真正的善良，理智又周全。心软的人感情丰富，像寓言里的农夫，容易心慈手软，一冲动就做出不理智的事儿。

懂小姐说

女性的深情与长情，是基因中带的。

上古时代，男性的力量与狩猎本能确保了食物来源，而女性则以无微不至的关怀与温情，在洞穴中守护着下一代。男女的不同特质，是自然选择下进化论的衍变结果，也确保了人类的生存。

然而，时代更迭，步入现代社会，尤其是那高楼林立、竞争激烈的都市丛林，生存法则在悄然蜕变。在这里，女性若想活得精彩纷呈，不仅需保留那份细腻与深情，更需学会“拿得起，放得下”的洒脱与坚韧。

面对男性的失职或冷漠态度，女性应当展现出果敢与决断，不轻易为对方的行为寻找借口，秉持“宁缺毋滥”的原则，及时止损。即便偶尔“错杀”了、误解了，也胜过在纵容中消耗自我。

相比之下，那些内心较为脆弱的女性，可能会陷入自我惩罚的旋涡，难以释怀对方的过错，情绪深陷悲伤与忧郁之中，夜不能寐，泪湿衣襟。她们往往寄望于通过无尽的牺牲与付出来感化对方，甚至幻想能够拯救或改变一个本已不愿改变的人。这样的努力往往如同农夫与蛇的故事，最终可能只换来更深的伤害与失望。

记住，真正的强大，是从不畏惧失去，而是“杀伐果断”，拥有随时重新开始的勇气与力量。

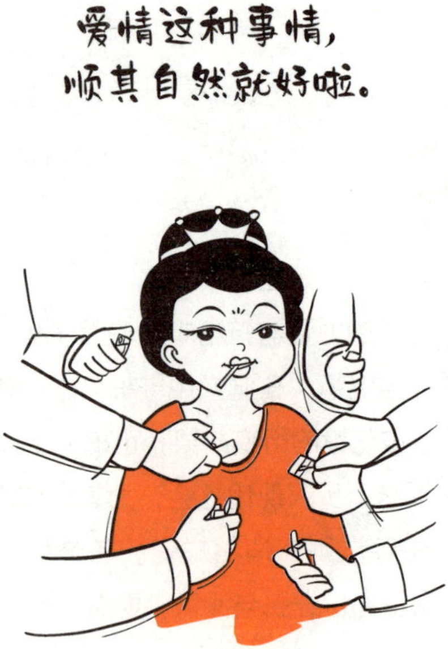

把自己还给自己，把别人还给别人

字字珠玑

把自己还给自己，把别人还给别人，让花成花，让树成树，从此，山水一程，再不相逢，愿来生，不见，不欠，不念。

——杨绛《我们仨》

哲理小故事

在遥远的东方，隐藏着一个神秘的山谷。在这片幽静之地，住着一位女智者，她常向探访的旅客讲述哲理故事。

故事的主角是一位名叫婉儿的年轻女子，她在人生的旅途中偶遇迷茫之事，慕名而来拜访山谷中的女智者。在山谷的最深处，她遇见了那位女智者，女智者告诉她，山谷中藏着一个秘密——这个秘密会引领人们找到内心的平静与力量。

说完，女智者便领婉儿来到一面布满岁月痕迹的回音壁前。她说：“你看这面墙，它如同我们内心的镜子，当你对它诉说心声时，它会以同样的方式回应你。”

于是，婉儿对着回音壁倾诉了自己的挣扎与束缚——对过往情感的留恋、对未来不确定的恐惧，以及对自己价值的质疑。回音壁以同样的情感回应着她，每一声都震颤着她的心灵。女智者温柔地引导：“现在，尝试放下这些重担，对自己说‘我接纳自己的不完美，我释放过去的枷锁’，听听回音有何不同。”

婉儿依言而行，这次她的声音中多了几分释然与坚定。回音壁回馈给她的，不再是沉重的叹息，而是清晰而自由的旋律，如同山谷中的清风，拂去了心头的阴霾。她恍然大悟，“把自己还给自己”，就是接纳自己的全部，无论是光芒还是阴影，都是构成完整自我的一部分；“把别人还给别人”，则是给予他人同样的自由与尊重，理解并接受每个人都是自己故事的主角。

通过这次经历，婉儿明白了，真正的力量源自自我接纳与对他人的理解，只有这样，才能在人生的旅途中轻盈地前行，绽放出属于自己的光彩。

懂小姐说

在爱的世界里，我们常常犯的错误就是，太过用力地去爱，却忘了如何爱自己。**爱自己，是一种能力，也是一种责任。**它意味着我们要懂得倾听内心的声音，满足自己的需求，而不是一味地牺牲和妥协。

当我们真正学会爱自己时，那份由内而外散发的光芒，会吸引更多同频的人靠近。

而对于“把别人还给别人”，这是一种深刻的同理心与尊重。每个人都是独一无二的个体，拥有自己的思想和选择。我们不能用自己的尺子去衡量他人，更不能强加自己的意愿于他们身上。学会放手，让每个人都能在自己的轨道上自由奔跑，这不仅是对他人的尊重，也是对自己的一种解脱。

好脾气
从不留给得寸进尺的人

字字珠玑

总觉得忍一忍之后就会好起来，真笨，人家不就是觉得你会忍一忍，才这样对你吗？

——余华《在细雨中呼喊》

如果低头了还得寸进尺，那就抬起头，挺起腰，不择手段撂倒他。无论是谁，你待我如何，我便待你如何，是规矩，也是礼貌，如果善良得不到尊重，那就让它长刺。

——杨绛

哲理小故事

曾经，我听过一个挺有意思的小故事，一只蝎子不小心掉进了水里，急得团团转。这时，一位禅师看见了，二话不说就伸手去救它，结果却被蝎子狠狠地蜇了一下。禅师疼得皱了皱眉，但没放弃，又试着去捞，结果又被蜇了。这样来来回回好几次，旁边的人都看呆了，问禅师："明知道蝎子会蜇你，为啥还要救它呢？"禅师微微一笑，说："蝎子蜇人是它的天性，但我救它是我的慈悲心啊。"

当时听到这个故事，我心里非常震撼，觉得禅师真是境界高，换我肯定做不到。可后来一想，咱们都是普通人，活在柴米油盐里，哪能跟禅师比呢？咱们要是也这么不顾一切地对人好，最后很可能就是自己受伤，心里还会留下疙瘩。

好在，故事还没完。旁边有个人看不下去了，他拿了一根树枝递给禅师，说："您用这个，蝎子就能顺着爬上来，你也不用挨蜇了。"然后他转头对禅师说："慈悲当然是好的，但你得先学会保护自己，对自己好点儿。"

这话听起来特接地气，就像是在告诉我们：善良没错，但咱也不能傻乎乎地当冤大头。有时候，明知道对方可能会让我们受伤，咱们还是得有点智慧，学会用合适的方式去表达善意，别让自己成了那个受伤还被人笑话的"老好人"。

毕竟，咱们都是俗世中的人，有七情六欲，也会怕疼。善良是咱们的底色，但别忘了给自己穿上盔甲，保护好那颗柔软又善良的心。

懂小姐说

古人云："忍一时，风平浪静；退一步，海阔天空。"初闻此言，颇显哲理，令人误以为忍让乃美德之巅。但是，对世间万物的忍让皆需有度。试想，如果一味退让，直至退无可退，别人依旧不放过你，那时你又该如何自处？

古人还说过："以牙还牙，以眼还眼。"忍气吞声、委曲求全，这些办法就像是给伤口贴个创可贴，治标不治本。问题还在那儿，可能还会因为你的一味忍让变得越发不可收拾。

真正的好脾气，是建立在自我尊重与界限清晰的基础之上的。它教会我们，在面对不合理的要求或冒犯时，要勇于说"不"，这不仅是对自己情感边界的捍卫，也是对他人行为的必要纠偏。因为，长此以往，无原则的退让只会让"得寸进尺"者变本加厉，最终消磨掉我们所有的耐心与善意。

当有人触及我们的底线时，我们有权利采取适当的手段制止他们。我们可以寻求法律帮助，或者亲朋好友的支援来攻克难关。

记住，釜底抽薪才是解决问题的根本之道。

笑脸给多了，
惯的全是病。

“睚眦必报”是强者的专利

字字珠玑

黄沙百战穿金甲，不破楼兰终不还。

——（唐）王昌龄《从军行》

两脚踢翻尘世路，一肩担尽古今愁。

——（清）袁枚《绝命词》

哲理小故事

范雎本是魏国的一个门客，因才华出众被齐国君王暗中赏识，送了不少好东西给他。这事被他的上司须贾误会，以为他叛国，于是告到了丞相魏齐那儿。魏齐大怒，把范雎打得半死，还扔进厕所羞辱。范雎装死才逃过一劫。

后来，范雎改名换姓，躲起来等待机会。终于，秦国使者看中了他，偷偷带他去了秦国。范雎在秦国大展拳脚，成了丞相。他念念不忘旧仇，让秦王攻打魏国。魏国派来求和的竟是须贾，范雎假装门客接近他，骗他到了自己府上。

范雎换上丞相服，当面斥责须贾，还故意羞辱他，让他吃马食，说魏国必须交出魏齐的人头，否则就攻打魏国。须贾回去后告诉魏齐，魏齐吓得逃到了赵国。范雎这招“睚眦必报”，让人见识了他的狠辣和不忘旧仇的性格。

这不禁让人联想到《延禧攻略》中那位同样以智谋和决绝著称的魏璎珞。在紫禁城的红墙绿瓦间，魏璎珞以她的聪明才智，书写着一段段快意恩仇的传奇，其手段之高明，不亚于范雎在战国时期的运筹帷幄。

正如范雎在魏国遭受诬陷、饱受屈辱后，终得机会反击，魏璎珞也在深宫之中，面对玲珑、方姑姑等一众小人的陷害，展现出了非凡的智慧与勇气。面对高贵妃的审问，魏璎珞没有选择正面硬刚，而是巧妙地装疯卖傻，吞下七碗藕粉丸子，这一举动不仅避开了当下的危机，更为日后反击埋下了伏笔。这不禁让人联想到范雎在厕所中装死求生的故事，同样是以退为进，等待反击的时机。

后来，魏璎珞以其人之道还治其人之身，强行灌下高贵妃一碗藕粉丸子，这一幕，如同范雎后来对须贾的羞辱，都是对敌人最直接的报复，让人拍手称快。而玲珑因偷绣龙袍，不慎落针扎伤皇帝，最终落得被流放宁古塔的下场，这更是彰显了魏璎珞手段的狠辣与精准，正如范雎后来一步步将仇敌逼入绝境。

面对方姑姑和锦绣的联合陷害，魏璎珞将计就计，假装孕妇，引蛇出洞，不仅成功自保，还一举将敌人清除干净。这种智慧与胆识，与范雎在秦国施展的“远交近攻”策略有异曲同工之妙，都是利用对手的弱点精准打击，最终达成自己的目的。

魏璎珞的每一次反击，都让人感受到一种畅快淋漓的正义感，仿佛在看范雎如何一步步在权谋的旋涡中翻云覆雨。她用自己的行动证明，在复杂的宫廷斗争中，善良与智慧并重，都是生存之道。而那些曾经伤害过她的人，也终将在她的睚眦必报之下，尝到应有的苦果。

懂小姐说

弱者才会原谅过去，强者都是“睚眦必报”。暂时的忍耐只是为了保存实力和争取时间。

无论是《延禧攻略》中的魏璎珞，还是历史上的范雎，他们都用自己的故事告诉我们：在这个世界上，有些人，你不得不防；有些事，不要一直忍让。而真正的智慧，就在于如何在逆境中寻找生机，在绝望中创造希望，最终成为那个笑到最后的人。

确然，那句广为流传的励志箴言：“感谢那些伤害我们的人，因为他们促使我们蜕变，铸就了更为坚韧的自己。”这背后，实则是那些历经风雨、浴火重生之人的深刻体悟。他们站在了更高的山峰回望，方能以平和之心，道出这番既带苦涩又含甘甜的感言。

试想，若范雎在初遭诬陷之时便被活活打死，他又如何能在后来权倾一时，笑着说道：宰相肚里也能撑船？既往不咎这个词，太虚伪。

懂得这些道理之后，愿大家：从此野性十足，不再将就。

我脾气好，但不是没有，
我心眼小，但不缺。

弱者才会一蹶不振，我要逆风翻盘

字字珠玑

成功不是终点，失败也不是终结，重要的是继续前行的勇气。

——[英]丘吉尔

人间道场，淤泥生莲，世间磨难，皆是砥砺切磋我也。

——（明）王阳明《传习录》

计利以听，乃为之势，以佐其外。势者，因利而制权也。

——（春秋末年）孙武《孙子兵法》

哲理小故事

翟焰，小羽佳家政股份有限公司的创始人，同时也是厦门市家庭服务业协会的领航者，她的名字在家政领域熠熠生辉。但鲜有人知的是，这位女强人的背后，藏着一段从婚姻挫败中逆风翻盘的故事。

翟焰用二十载春秋铸就了小羽佳的辉煌，从“福建省著名商标”到“全国家庭服务业百强企业”，再到“新三板”的上市，每一步都见证了她的智慧与汗水。然而，在公众视野之外，她的婚姻生活却经历了前所未有的风暴。

35 岁的她，满怀对幸福生活的憧憬步入婚姻，却未曾料到，这段旅程布满了荆棘。为了拥有一个完整的家，翟焰不惜承受身心极限的挑战，5 次全麻取卵、15 次胚胎移植。然而，命运却对她开了一个残酷的玩笑，孩子的胎停让她瞬间从云端跌落至深渊。更令她心碎的是，丈夫的冷漠与背叛，将她的世界彻底击碎，一句“离婚”如同利刃穿心，让她在绝望中挣扎。

但翟焰没有选择沉沦，她将痛苦化为力量，在法庭上，她以理性和智慧为自己辩护，赢得了应有的尊严与权益。这段经历，让她深刻体会到独立与自尊的重要性，也让她更加坚定了自己的信念——无论遭遇何种困境，都要勇敢地逆风翻盘。

离婚后，翟焰将全部精力投入小羽佳向线上业务转型的发展中，她深知，只有让企业变得更加强大，才能为自己筑起坚实的堡垒。面对改革的重重困难，她不畏艰难，勇于创新，带领团队一步步走出困境，实现了小羽佳的华丽转身。她的领导力和担当精神，在疫情期间更是得到了淋漓尽致的展现，她以非凡的勇气和决心，带领企业渡过了难关，赢得了市场的广泛赞誉。

如今的小羽佳，已成为中国家政行业的佼佼者，而翟焰本人，也成为了无数女性心中的榜样。

懂小姐说

翟焰的故事告诉我们：女性的力量是无穷的，只要拥有坚强的意志、不屈的精神和坚定的信念，就能在逆境中绽放出最耀眼的光芒。翟焰用自己的经历诠释了什么是真正的逆风翻盘——不是逃避困难，而是直面挑战；不是沉溺于过去，而是勇敢地拥抱未来。

弱者要多去争取别人抢不走的东西，**如思维、智慧、执行力，又如将一件事情做到极致**，创造不可替代的价值。你缺少的从来都不是方法，而是底气。

正因为我们生来普通，所以更要学会逆风翻盘。让我们一起**迎万难**，走向灯火通明，**最后赢万难**！

敬自己！

敬坚强的自己，敬沮丧的自己，
敬自私的自己，敬奉献的自己，
敬在如此无奈的生活中，
仍旧拼命奋斗的自己！

走着瞧，善恶到头终有报

字字珠玑

人无千日好，花无百日红。

——（元）杨文奎《儿女团圆》

人恶人怕天不怕，人善人欺天不欺。善恶到头终有报，只争来早与来迟。

——（明）《增广贤文》

哲理小故事

北宋初期，有两位声名显赫的将领，曹彬与曹翰，他们虽然同朝为官，功勋卓著，却在德行修养上判若两人，最终迎来了截然不同的命运轨迹。

曹彬，一位被后世铭记的仁将，年轻时偶遇道家传奇人物陈抟老祖，即希夷先生。希夷先生观其面相，预言曹彬将来必成大器，但提醒他要警惕杀业过重，需积阴德以保晚福。曹彬将此言铭记于心，日后在战场上，他不仅屡建奇功，更以治军严谨、严禁滥杀著称。在领军作战中，每到一地便安抚百姓，严禁屠城，保全无数生灵。即便是面对敌方将领的家眷，曹彬也严令士兵不得侮辱，战后妥善安置。这样的仁德之举，赢得了士兵与百姓的深厚爱戴，也赢得了宋太祖赵匡胤的高度信任与赏识。当赵匡胤决定攻打南唐时，他毫不犹豫地选择了曹彬作为总指挥，并赐予宝剑，以示权威。曹彬不负所望，大败南唐，在攻占金陵时，再次严令三军不得滥杀，对南唐后主李煜也以礼相待。晚年，曹彬果然如希夷先生所言，福报深厚，子孙昌盛，多位后代封王拜爵，其中不乏名将，其孙女更是成为宋仁宗的皇后。司马光评价曹彬："为人仁爱多恕，平数国，未尝妄斩人。"

相比之下，曹翰的生涯则显得阴暗许多。同样是北宋初期的将领，曹翰年轻时便以盛气凌人、智谋多端却阴险狡诈著称。在一次攻打江州的战役中，他下令屠城，无辜百姓、老弱妇孺无一幸免。这样的暴行，最终导致了他死后其子孙流落街头的悲惨结局。据说，在明朝万历年间，一位名叫刘锡元的官员在回乡途中，梦见曹翰向他求助，自称因江州屠城之恶业，已多世投生为猪，希望刘锡元能救他于屠刀之下。次日，刘锡元果然在岸边遇到了一头即将被杀的猪，他立即出钱买下，并在寺院放生。

常言道："积善之家，必有余庆；积不善之家，必有余殃。"这句话深刻地揭示了因果报应的道理，即一个人的行为与命运之间存在着密切的联系。曹彬因仁德而子孙昌盛，曹翰则因暴行而子孙断绝。这不仅是个人命运的写照，更是对社会道德的一种警示。

懂小姐说

正如清初名士周安士先生所言：“人人信因果，天下大治之道也；人人不信因果，天下大乱之道也。”深信因果，可以让人心生敬畏，不敢为非作歹；而无视因果，则可能导致肆无忌惮，无恶不作。我们应当从曹彬与曹翰的故事中吸取教训，明白种善因得善果、种恶因得恶果的道理，从而在人生的道路上，时刻警醒自己以善为本，以德为先。

“天道好轮回，苍天饶过谁”，这是我最喜欢的一句箴言，它揭示了宇宙间亘古不变的法则。世间万物皆有其因果循环，善行终会结出善果，恶行也必将自食恶果。这并非迷信之说，而是对人性与宇宙秩序的一种深刻洞察。

“善有善报，恶有恶报”，此言非虚。它鼓励我们在日常生活中行善积德，因为每一份善念与善行，都如同播撒在心田的种子，终将在未来的某个时刻回馈给我们无尽的温暖与幸福。而恶行，则如同潜伏在暗处的毒蛇，或许能暂时得意，但终将自食恶果。

“不是不报，时候未到”，在人生的长河中，或许我们会遇到种种不公与挫折，但请相信，这一切都是暂时的。

属于我们的那份回报，终将在最合适的时机到来。

内向敏感的女生要多读阳气重的书

字字珠玑

旧书不厌百回读，熟读深思子自知。

——（宋）苏轼《送安惇秀才失解西归》

书犹药也，善读之可以医愚。

——（西汉）刘向《说苑》

哲理小故事

余华说过，女生要获得幸福，关键在于精神上不受力。这不仅仅是一句简单的话语，更是对内向敏感女生的一种深刻理解与关怀。在这个纷繁复杂的世界中，女性往往被赋予了更多的情感色彩，敏感、细腻、容易受伤，成了她们的标签。然而，真正的强大，并非外表的坚硬，而是内心的坚韧与从容。

莫言在《晚熟的人》中，揭示了人性的丑陋与生活的真相：“所有伤害你的人，都是故意的，他在伤害你的时候就已权衡利弊，他会不断的对比，最后选择了伤害你，因为伤害你他会获得更大的利益。”这段话如同一把锋利的剑，刺破了人性的伪装，也让我们明白，在这个世界上，唯有自己强大才能抵御一切风雨。

对于内向敏感的女生来说，阅读——尤其是阅读那些充满朝气、富含哲理的书籍，成了她们心灵成长的重要途径。

一个名叫梅梅的女孩，住在一个古老的村庄里。她性格内向敏感，常常因为别人的一个眼神、一句话而陷入深深的思绪，夜晚时分更是容易心情低落。村中的老人见状，便聚在一起商讨如何帮助这个善良却易受伤的女孩。

一日，村中最智慧的老者找到梅梅，递给她一本泛黄的书籍——《孙子兵法》。老者慈祥地说：“孩子，你心思细腻，这虽然是上天赐予的礼物，但过度的敏感也会让你陷入阴霾。这本书里藏着古人的智慧，它教会我们如何在风雨中保持内心的平静与坚韧。”

梅梅半信半疑地接过书，起初只是出于好奇翻阅，但很快，她就被书中那些关于策略、勇气与自我控制的论述深深吸引。她开始细细品味书中的每一个字句。日复一日，梅梅发现自己不再那么容易被外界干扰，内心渐渐变得强大而稳定起来。

一年后的某个春日，村庄遭遇了前所未有的洪水灾害，村民们惊慌失措。而梅梅凭借从《孙子兵法》中学到的冷静分析与快速决策的能力，组织村民们有序撤离，并利用地形优势搭建临时避难所。那一刻，梅梅发现自己不再是那个容易敏感的女孩，而是成了大家心中的光。

懂小姐说

在这个快节奏、高压力的时代，内向敏感的女生往往容易感受到外界的波动，内心的小宇宙时常经历着风雨的洗礼。唯有强大且坚定的精神内核，方能驱散所谓的“阴霾”。对于内向敏感的女生来说，应该多读一些带着“阳刚之气”的书，如《孙子兵法》等国学经典，每天读一点点，坚持下来，不鸣则已，一鸣惊人。毕竟，老祖宗留下的智慧值得好好学习和传承。

第一本书：《孙子兵法》

《孙子兵法》，绝不仅仅是一本关于战争的书籍，而是一部涵盖了战略、策略、人性、智慧等多方面内容的经典之作。对于许多女孩子来说，可能会觉得《孙子兵法》是一本充满战争与杀戮的书籍，与我们的生活格格不入，但事实并非如此。

01 人生如棋，策略先行

《孙子兵法》不仅讲述了战争中的行军打仗，更教会我们如何面对“人生中的不确定”。人生如同一盘棋，开局便需慎重布局。面对人生的不确定性，我们首先要深入了解自己，明确自己的优势与劣势，知道自己想要什么、能做什么。同时，也要尽可能地了解外界环境，尽量做到“知己知彼，百战不殆”。

“兵无常势，水无常形。”人生中的不确定性往往伴随着机遇和挑战，我们要学会在变化中寻找机会，在挑战中寻求成长。面对今天的不顺，不必过于迷茫和彷徨，因为人生路长，山高水远。**学会蛰伏，积累耐心和智慧，总有轮到自己发光发热的时候。**

02 诡道非诈，灵活应变

“兵者，诡道也。”这句话常被误解为狡诈与欺骗，但实际上，它指的是要灵活运用各种手段，以最小的代价取得最大的胜利。这种思维方式同样适用于我们的学习和工作。

灵活运用各种手段，不仅包含深入，也包含退出。在人生的战场上，你不必非得打赢每一场仗，有时候，不打仗、不打败仗也是一种智慧。

无论是人还是事，当你发现无法改变某些亲密关系、工作中的不足或突然变化的大环境时，执着追求反而可能像飞蛾扑火。有些关系，深入其中只会耽误你的人生，比如爱上一个不值得爱的人、坚持一份鸡肋的工作，等等。

不如早日退出，放过自己，重新开始。

读完这本书，你会明白“走自己的路，让别人去说吧”的真谛，也会学会如何在复杂多变的社会中保持清醒与独立。

第二本书：《君主论》

如果说《孙子兵法》是策略与智慧的灯塔，那么《君主论》则是一面透视人性的镜子。意大利政治家、思想家尼科洛·马基雅维利的这部作品，虽然源自政治学领域，但其对人性深刻而透彻的分析，对现代职场同样具有指导意义。

有证据表明，那些在职场中给你造成伤害的人，很可能具有相互关联的三个特性：精神变态、马基雅维利主义以及自恋。

当马基雅维利主义者是三重阴暗性格时，他们的做事方式就是弱肉强食和完全自私自利的，所有的马基雅维利主义者都是棋手，把其他人仅仅看作棋盘上任其摆布的棋子……

记住，有时候，越能赤裸地谈利害，就越接近于理智。

第三本书：《曾国藩传》

曾国藩，一个出身平凡、智商平庸的普通人，却凭借不懈的努力与坚持，成了晚清时期的杰出领袖。他的故事是对所有内向敏感女生的鼓励。《曾国藩传》不仅记录了他的辉煌成就，更展示了他在挫折面前不屈不挠的精神。“不为圣贤，便为禽兽；莫问收获，但问耕耘”，这简单的话语背后，是曾国藩对自我要求的极致，也是对我们每个人的鞭策。

女生为什么要读曾国藩？因为他用自己的经历证明，无论起点多低，只要拥有坚定的信念与不懈的努力，都能实现自我超越。曾国藩的每一次逆袭，都是对“阳刚之气”的最好诠释，它不仅仅是外在的强硬，更是内心的坚韧与不屈。

总之，内向敏感并非弱点，它是我们独特的一部分。通过阅读这些带着“阳刚之气”的书籍，我们可以学会如何将这些特质转化为优势，构建一个强大稳定的精神内核。对于女生来说，我觉得并不是一定要吃一堑才能长一智，生活中，我们完全可以通过读书来增长智慧，避免不必要的损失。

第三篇

所有的好
都不如刚刚好

夫妻之间，
穷时考验的是妻子，
富时考验的是丈夫，
中年夫妻全靠良心。
激情退去时，婚姻才刚刚开始，
婚姻的本质是陪伴和责任。
而成熟的爱，靠的是良心，
人生的后半场全靠责任。

——杨绛《一百岁感言》

性是肉体生活，遵循快乐原则；
爱情是精神生活，遵循理想原则；
婚姻是社会生活，遵循现实原则。
这是三个完全不同的东西。

——周国平《婚姻中的爱情》

婚姻本来就是一场合作，
你没有必要非得弄成爱情的样子。
记住了，爱会消失。
底层男人为了续香火，中层男人为了找帮手，
上层男人为了找强队友，渣男就是要你扶贫。

——莫言《晚熟的人》

爱情和婚姻的真相只有一个

字字珠玑

其实结不结婚，都会后悔。巷子里的猫很自由，却没有归宿。围墙里的狗有归宿，却终身都要低头。人生就像选择题，怎么选都会有遗憾。

——林徽因

哲理小故事

转眼间，小晓的婚姻已走过了10多个年头。回望这段婚姻生活，虽未遭遇太多波折，但两人之间的感情却渐渐淡如清水，失去了往日的热烈。

在这两年全职在家的日子里，小晓与丈夫之间的关系发生了微妙的变化。丈夫变得越发细心周到，每逢周末回家，总是主动承担起家务和照顾孩子的责任，让小晓得以放松休息；而当她心情低落时，他也能及时察觉并给予安慰，提供情绪上的支持。

然而，与此同时，小晓自己却逐渐变得冷漠起来。她的脾气变得急躁，总是希望丈夫能按照自己的意愿行事，对孩子也寄予了过高的期望；她不再像以前那样关心丈夫，电话问候变得稀少，有时甚至一周都不主动联系，丈夫的电话打来也常被她匆匆挂断。她变得沉默寡言，回家后也不愿与丈夫过多交流。

这种冷漠的态度让丈夫感到困惑和不安，他不禁质疑：小晓是否已经不再爱他了？而小晓自己也在内心深处不断反思：为什么会变成这样？她到底在纠结什么？这段婚姻的现状究竟是谁造成的？

曾经听过一句话："女人嫁给谁，其实都是嫁给自己，到最后都是和自己过，婚姻的幸福与否全取决于你。"这似乎触动了小晓的心弦。她意识到，自己一直在试图改变丈夫，希望他能放弃爱玩游戏和打牌的习惯，将更多的时间和精力投入家庭中来。在她的坚持下，丈夫确实做出了很多改变，比如，卖掉了玩了10多年的游戏账号，周末放弃与牌友相聚的时间留在家里陪伴孩子，也更加积极地参与家务劳动。

然而，小晓的期望并未因此止步。她开始逼迫丈夫读书、爬山、锻炼，希望他能成为自己心目中的完美伴侣。当丈夫无法满足她的要求时，她就会生气、唠叨，甚至用"我这都是为你好"来作为借口。但这样的做法非但没有让丈夫变得更加优秀，反而让他感到压力和反感，开始抗拒她的安排。

随着时间的推移，小晓的内心也充满了痛苦和内耗。她不明白为什么丈夫不愿意按照她的期望去改变，而她自己也因为这种无法控制的局面而变得越来越沉默和孤僻。最终，她意识到或许自己真的需要改变一下了——不是去改变丈夫，而是去改变自己对待婚姻和伴侣的态度和方式。只有这样，她才能重新找回失去的幸福和温暖。

懂小姐说

婚姻中改变自己是神，改变别人是妄想。

爱情与婚姻的真相，往往比我们想象的更加复杂而深刻。我们总以为，爱情就应该是心灵的完全契合，伴侣就应该是那个能读懂我们每一个眼神、每一个微笑的人。但现实却是，每个人都是独立的个体，拥有自己独特的思想、情感和经历。没有人能够完全理解另一个人，正如没有两片完全相同的叶子一样。

然而，这并不意味着爱情与婚姻就无法幸福。相反，正是这些差异与挑战，让我们有机会学习、成长，并最终找到那个能与自己携手共度风雨的伴侣。爱情不是一种本能，而是一种需要不断学习与修炼的技能。在婚姻中，我们不仅要学会爱对方，更要学会爱自己，学会在差异中寻找共同点，在平淡中创造惊喜。

记住，真正的爱情与婚姻，不是寻找一个完美无缺的伴侣，而是与一个愿意与你共同成长、相互扶持的人携手前行。在这个过程中，我们会经历磨合、冲突与和解，但正是这些经历，让我们的关系更加深厚、更加牢固。最终，我们会发现，原来幸福并不是找到一个完美的人共度一生，而是与一个不完美的人共同创造一个完美的生活。

有人把婚姻比作一双鞋。但我们是先有了脚，走着走着，才觉得需要鞋来陪伴。小时候，光着脚丫子满地跑，沙子热乎乎的，草儿凉丝丝的，那种自由自在的感觉，就像是梦里的快乐时光，时不时就在心里头翻腾。

路走得多了，脚就开始有它的难处了。比如，踩在滚烫的沙子上，热得跟鸵鸟似的狂奔；或是陷进泥潭里，被水蛭咬得又疼又肿。于是人们就发明了鞋，来保护我们的脚。

穿鞋是为了走得更远、更快，只见过鞋磨破了，没见过脚磨没了的。鞋要是让脚不舒服了，脚就会自己找个出路，比如把鞋面挑开个小洞，透透气。

所以，脚（自己）永远比鞋（婚姻）重要。要是鞋（婚姻）真的让脚（自己）难受了，咱们就干脆光脚走，一样能走出自己的精彩！你看那名南非的女运动员，光着脚都能跑世界第一。

说到底，女人嫁给谁，其实都是嫁给自己。

切记，外求多苦，因所求常不得。当向内寻，心安之处，方为归宿。

一个事事想控制得严丝合缝的人，
应该坐在路口给手机贴膜。

大事商量，小事原谅

字字珠玑

一个家最好的模样，大事尊重，小事原谅，不争对错，不翻旧账！

——罗银胜《杨绛传》

哲理小故事

01>> 在杨绛的回忆录《我们仨》中，她用饱含深情的笔触，记录了与钱锺书共同经历的风风雨雨。在杨绛先生的回忆里，她和钱锺书先生仅有的一次争执，发生在一艘远洋的轮船上。两人因为一个法文单词的发音发生了小小的分歧。尽管杨绛先生最终在一位法国夫人的公断下“赢得”了争执，但她并没有因此感到开心。

这件事让她意识到，争辩并不能改变事实，反而可能伤害彼此的感情。从此，他们约定，即使在意见不合时，也尊重对方的观点，不必强求一致。这种相互尊重的态度，不仅避免了无谓的争执，更深化了他们之间的理解和信任。

1938 年，钱锺书在清华大学担任教职，而杨绛则陪伴女儿回到了上海。不久，钱锺书面临一个重大决定：是否应父亲之邀，前往湖南蓝田担任教职，以便于照顾年迈的父亲。尽管杨绛先生内心有所保留，但她最终选择了尊重丈夫的决定，她说：“人生的重大选择，应由个人自主决定，我所能做的，是提供我的见解，而非决定。”杨绛先生的这种尊重，体现了她对丈夫的深厚情感和对家庭责任的深刻理解。她知道，钱锺书先生的决定背后，是对家庭和职业的双重考虑。

她的支持，不仅是对丈夫选择的尊重，也是对两人共同生活理念的尊重。在婚姻的旅途中，尊重和理解是维系双方关系的纽带。正如一位智者所言：“婚姻的基石是爱情，是依恋，更是相互尊重。”

02>>

网友小金，差点因一次未与伴侣沟通的决策，让婚姻亮起了红灯。故事始于一个深夜的电话，电话那头是发小的求助，急需 10 万元应急。念及旧情，小金没有多加考虑，便慷慨解囊，将钱款迅速汇出。

然而，友情的温暖并未如期换回金钱的归期。原本承诺的一个月还款期限，被半年的沉默所取代。直至家中老人健康告急，急需医疗费用之时，小金才不得已向妻子吐露了这一隐情。

妻子的反应，既有震惊也有愤慨：“这么大的事情，你怎能独自做主？借钱前，你可曾问过他用途？可有立据为证？何时归还可有约定？10 万元不是小数目，你怎能如此轻率，还把我排除在外？”

经此一番质问，小金方知事态严重。进一步了解后，才惊觉发小已深陷网络高利贷旋涡，借款上百万元，自己那10万元，恐已石沉大海，难以追回。

此事在某社交平台上激起了热议，引发了一场关于“夫妻间是否需要事事相商”的讨论。其中，有一条高赞是这么说的：“大事共议，小事宽容。”这不仅是一种态度，更是对婚姻中相互尊重与理解的深刻诠释。

在婚姻的天平上，每一笔家庭财产的支出，每一个重大决策的做出，都应是两人共同商议的结果。因为，一个人的视角难免有限，或许自认为是为家庭好的决定，实则可能潜藏着未知的风险与负担。

若小金能早些与妻子商量，或许就能多一份谨慎，多一层保障，避免今日之困境。毕竟，在婚姻的长河中，携手同行，共同面对风雨，才是通往幸福彼岸的坚实桥梁。

懂小姐说

家非战场，无须旌旗招展，针锋相对，决出胜负；家非棋局，不必步步为营，处处设防，心机暗藏。

家是孩子的起点，是我们归来的方向。今生是亲人，来生不一定能够相遇……

没有人是一座孤岛，家庭存在的意义就是互相温暖。在面临重大决策时，通过沟通和尊重彼此的选择，可以维护家庭的和谐与团结。

唯有当家庭成为一个信任与尊重的港湾时，其凝聚力与归属感方能日益增强，常言道：父之胸襟，引领家庭航向宽广；母之柔情，温暖家中每一个角落。

如此，父如山稳，母似水宁，子承安宁，家宅和顺。家和则百福至，万事皆能兴。家中人人心圆、事圆，理就圆，世间也将和乐圆满。

小事不用着急，
大事急也没用。

争执起，义正不可词严

字字珠玑

50% 以上的婚姻是不幸福的，诸多罗曼蒂克梦想之所以破灭在雷诺（美国离婚城）的岩石上，原因之一是批评——毫无用处，却令人心碎的批评。

——[美]桃乐丝·狄克斯

哲理小故事

谈及英国维多利亚时代的杰出政治人物，威廉·格莱斯顿无疑是一个耀眼的名字。他四次担任英国首相，在政治舞台上实施了一系列重要的社会改革，引领英国步入了资产阶级自由贸易与自由主义的鼎盛时期。然而，在这位政坛巨擘看似与常人截然不同的生活背后，却隐藏着一个令人惊讶的事实：他与许多政治人物不同，家庭生活充满了幸福与快乐。

尤其是他与凯瑟琳的婚姻，更是成为政治与爱情和谐共生的典范。这对伴侣共同度过了长达59年的岁月，他们的爱情如同细水长流，历久弥新。在公众视野中，格莱斯顿首相是一位令人敬畏的领导者，但回到家中，他却从不轻易对家人发脾气。可以想象，在某个清晨，他结束了一夜的工作，满心欢喜地期待着能与家人共进早餐，享受那份温馨的时光。然而，当他悄悄下楼时，却发现全家人都还沉浸在甜美的梦乡之中。

这时，格莱斯顿并没有像有些人那样大声嚷嚷或者发脾气，他选择了用一种特别的方式来“叫醒”大家。只见他清了清嗓子，开始放声高歌，唱起了一首连名字都让人摸不着头脑的圣歌。那歌声响亮而悠扬，瞬间填满了整个屋子，仿佛连空气都在跟着节奏轻轻颤动。

家人们被这突如其来的歌声唤醒，迷迷糊糊中意识到：哦，原来是最忙碌的首相大人已经在楼下等着吃早餐了！他们相视一笑，心里既感到歉意又充满了暖意。因为格莱斯顿用这种方式，既表达了自己的小小不满，又没有让任何人感到尴尬或难堪。

这就是格莱斯顿，一个在外交场上游刃有余、在家庭中同样懂得体谅的智者。他用自己独特的方式，维护着家庭的和谐与幸福，让人不得不佩服他的外交家风范和深厚的人情味。

懂小姐说

我们不经意间，总将最糟糕的态度展现给最亲近的人。

许多关系之所以瓦解，根源在于沟通的缺失。在情感的纠葛里，大多数矛盾都起因于失败的沟通。对着伴侣发泄怒火，言辞尖刻，将他们视为发泄情绪的垃圾桶，或是视为吸收我们负面情绪的回收站。

有些伴侣总是在愤怒中挣扎，总是在情绪的边缘游走，总是难以掌握温和的交流方式。他们之间仿佛任何时刻都可能触发争吵，不经意间就可能说出令人心碎的话语。

有些爱情，能够共同抵御外界的风波，却无法承受尖酸的话语和冷漠的态度。有这样一则夫妻吵架铁律：吵赢了架，却输了感情。

彼此滋养，相互成就

字字珠玑

兰之猗猗，扬扬其香。众香拱之，幽幽其芳。不采而佩，于兰何伤？以日以年，我行四方。

——（唐）韩愈《幽兰操》

爱是一场博弈，必须保持永远与对方不分伯仲、势均力敌，才能长此以往地相依相息。

——[英]夏洛蒂·勃朗特《简·爱》

哲理小故事

郑树森院士与李兰娟教授这一对年逾古稀的伴侣，以他们独有的方式诠释着爱情的纯粹。当杭州的天空被春雨轻柔地拥抱，

73 岁的她步出机舱，未曾预料到的是，70 岁的他不顾雨丝绵密，执着地在外守候，只为迎接她的归来。面对媒体的镜头，他的话语中满溢着不加掩饰的喜悦与激动：“心中那份即将重逢的期盼，让我满心欢喜，激动难抑。”更令人动容的是，这一切都是精心策划的“惊喜”。

2020 年春节前夕，武汉新冠肺炎疫情肆虐，李兰娟第一时间赶往北京参加会议。郑树森院士主动为即将踏上征途的她，烹制了一桌充盈爱意的年夜饭。李兰娟教授平日里低调内敛，却在那晚难掩心中的甜蜜，将丈夫在厨房忙碌的身影定格成永恒，罕见地分享于朋友圈，字里行间洋溢着被呵护的幸福：“今天我轻松了，可以不烧年夜饭了，由郑院士替代，手术刀改厨刀。”

他们的爱情故事，始于浙江医科大学。1973 年，命运的丝线将两人紧紧相连，他留校执教，她则在医院救死扶伤，共同的职业追求让两颗心逐渐靠近。1975 年的“五一”，他们携手步入婚姻的殿堂，即便新婚之夜因归家探望郑树森生病的父亲，他们不得不在火车站度过，那份尴尬非但未减损爱情的甜蜜，反而见证了他们的善良与坚韧。

四十余载春秋，他们既是携手共度余生的伴侣，亦是并肩作战的战友。据报道，郑树森博士在香港深造期间，恰逢家中遭遇变故，父亲再次罹患重病。在这关头，李兰娟教授毅然决然地返回家乡，为公公把脉问诊，直至其完全康复。

2020 年除夕前，当国家面临前所未有的疫情挑战时，李兰娟教授毅然请命，率领医疗队驰援武汉前线。所以，郑树森院士以行动诠释深情，他亲自下厨，为即将踏上征途的妻子准备了一桌饭菜。同为医学界的佼佼者，他比任何人都清楚，妻子此行将面临何等艰巨与危险的任务。然而，正是这份对彼此职业使命的深刻理解与尊重，让郑院士毫不犹豫地选择了支持妻子的决定。

在他们之间，相互扶持、共同进退，早已成为了无须多言的默契与信仰。

懂小姐说

生命如花，爱似蜜糖，人生最大的幸运，就是遇见一个和你互相成就的人。

夫妻就像筷子，少一个难用，丢一个不行。

这对院士伉俪，让我们目睹了爱情最美的样子。爱是何物？真爱激发力量，唤醒沉睡潜能，激发隐藏光芒。

在生命的旅途中，有人相互较量，彼此牵绊，最终一身狼狈；而有人携手并肩，在困难中患难与共，在顺境中齐头并进，最终都成就了更优秀的彼此。没有什么能够一成不变，爱情也绝非不劳而获的果实。一段美好的关系，应充满体谅与宽恕，应让彼此在同心协力中熠熠生辉、相辅相成。

人和人之间最好的关系，是相互滋养，相互成就。

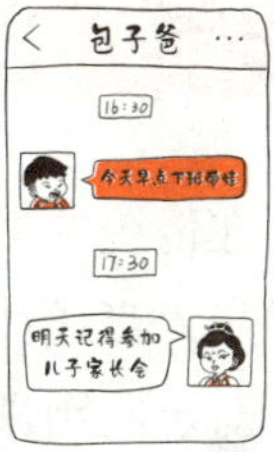
包子爸
16:30
今天早点下班带娃
17:30
明天记得参加儿子家长会

人和人之间最好的关系是双向奔赴，顶峰相见。

婆家的事，要适当装瞎

字字珠玑

婚后做个聪明的女人，婆家的事，记住要装瞎，做到不闻、不问、不听、不看，你会快乐很多！任何事情让他们自己去解决，记住你是你，他们是他们，别太把自己当回事。

——杨绛《走到人生边上——自问自答》

哲理小故事

在传统的中国文化中，婆媳关系常被描述为水火不容。尽管已经步入当代社会，那些陈旧的刻板印象仍旧左右着不少人的思想。对于刚刚进入婚姻殿堂的女性，她们不可避免地会遭遇各式各样的考验。这些考验，不仅仅体现在与夫家成员的相处之道上，更关键的是如何找到属于自己的立足点。

艳子新婚伊始，便遭遇了难堪的局面。她察觉到婆婆与嫂子间的不和，这些不和常在家庭聚餐时显露无遗。艳子本想出面调解，却很快意识到自己是个外人，难以洞悉她们之间的纠葛，最终可能换来个“好管闲事”的责备。

在这种情境下，“不闻不问”原则，于艳子而言不失为明智之选。对于那些与己无关、难以插手的纷争，保持距离，让婆家人自行处理，方为上策。如此，新媳妇既能免受家庭纠纷的牵连，又能与婆家人保持和睦。

另外，新媳妇在婆家也会遭遇许多与娘家不同的风俗习惯。这些差异可能源自婆家的传统、习俗或家规，也可能是婆家人的性格和习惯所致。

我的另一位朋友玲子，天生细心敏感，对婆家的大小事务总是关注备至。然而，她渐渐感到，自己的这一特质在婆家并不被看好。婆婆和小姑子常在家中闲聊家族的私事，玲子虽好奇，欲加入讨论，却每每因不熟悉内情而陷入尴尬，毕竟别人也不愿从头到尾为她解释。在这种情况下，“不听不看”之策，对玲子来说同样适用。对于那些与己无关的家庭私事，新媳妇应当学会保持距离，不必过分好奇。这样，她既能规避无谓的纷扰，也能保护自己的情绪不受波及。

懂小姐说

生活要有边界感。

在与婆家相处时，最明智的做法是保持适当的界限，不要过多干涉他人的私事。对于不涉及自己小家的问题，最好保持沉默，不轻易发表意见。即使你的建议非常中肯，别人也未必会感激你的好意。毕竟，在他们眼中，你始终是个外来者，过度介入反而可能造成得不偿失的局面。

不要因为和婆家闹矛盾而焦虑。

面对与婆家的不和，发生争执时，保持积极的心态至关重要。要坚信自己的观点有其合理之处，面对问题时，要有策略地应对。不必过分在意丈夫的看法，每个人都有自己的脾气。与其沉溺于无谓的遐想，不如将时间投入睡眠、阅读、运动和享受美食中，让自己的生活更加精彩和充实，而不是将宝贵的时间浪费在无意义的人和事上。

不要把自己看得太重。

对每件事都过度操心，参与每一项事务，这样做往往会让自己疲惫不堪。公婆的事自然有他们自己的孩子操心，孩子们的事情也有丈夫共同分担，不要将所有责任都一肩挑，该休息时休息，该享受生活时不要吝啬。只有照顾好自己，才能更好地照顾家庭和孩子，如果自己都筋疲力尽，那么损失的将是自己的幸福和快乐。

学会**做个“三不管”的儿媳**。

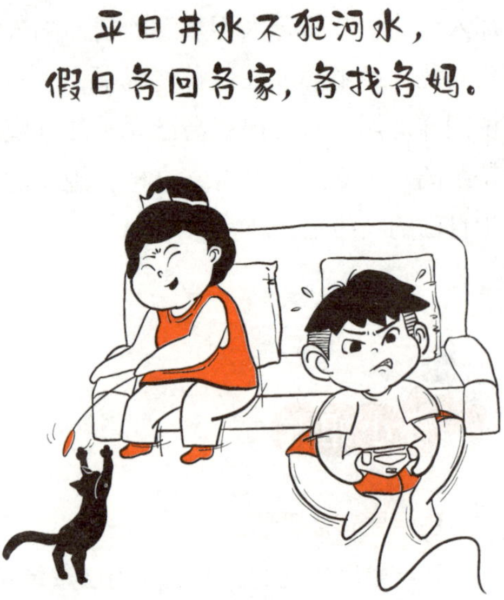

平日井水不犯河水，
假日各回各家，各找各妈。

内核要稳，学会做“牛油果”型女孩

字字珠玑

不管全世界所有人怎么说，你自己的感受才是正确的。无论别人怎么看，我绝不打乱自己的节奏。

——[日]村上春树《当我谈跑步时我谈些什么》

哲理小故事

你或许曾听闻过这样一种人格类型——“牛油果”型：当我们切开牛油果时，会发现其中隐藏着一个坚硬的核，无论刀刃如何锋利，都难以撼动。这正如某些女子，她们外表看似柔弱，实则内心坚韧无比。

董丽娜，这位视障女孩的故事，便是“牛油果”型人格的最佳诠释。在中国传媒大学的毕业典礼上，董丽娜以她独有的方式，向全校师生展示了什么是真正的坚韧与勇气。她手摸盲文，吐字清晰，落落大方，那份从容与自信让在场的每一个人都为之动容。

董丽娜自幼患有先天弱视症，一岁时便彻底失明，然而她并未向命运低头，以超乎常人的毅力一步步走出了自己的道路。技校毕业后，她选择成为一名按摩师，但在忙碌的工作之余，她不断地尝试新的领域，从播音员到主持人，她用自己的声音为这个世界带来了温暖与力量。更令人钦佩的是，她还凭借不懈的努力，拿下了普通话一级甲等证书，这对于一个视障人士来说，无疑是巨大的成就。

然而，董丽娜并没有满足于现状，而是继续深造，最终考上了中国传媒大学的研究生。在学校里，她面临着前所未有的挑战。她需要依靠听读和盲打来学习，啃下千万字的文献。这个过程无疑是艰难的，但她从未放弃过。她不仅没有申请任何特殊照顾，还主动选修了许多非专业课程，用知识的力量来丰富自己。

在毕业献词中，董丽娜说："无论在何方，都要心怀梦想，坚持热爱，永远脚踏实地，淡定从容。"这句话不仅是对她自己的总结，也是对所有"牛油果"型女子的鼓励与鞭策。她们知道，只有内心的坚韧与笃定，才能支撑她们走过人生的低谷与高峰。

与此形成鲜明对比的，是那些热衷于炫耀自己财富与地位的女子。有这样一位博主，在社交媒体上高调晒出了其丈夫的收入证明截图，显示月薪 8 万元，瞬间成了热议的焦点。女子在评论区中，字里行间洋溢着得意与炫耀，不断向外界展示着所谓的"成功"与"优越"。

然而，好景不长，随着网络舆论的迅速发酵，这张截图传到了她丈夫所在公司。公司有着严格的薪酬保密制度，很快，女子的丈夫因此事被停职接受调查，而这场由虚荣心编织的泡沫，也在现实的阳光下迅速破灭。女子最终不得不黯然收场，默默注销了账号。

真正的价值与幸福，从来不是通过外在的炫耀与攀比来获得的，而是源自内心的充实与满足，以及对生活的热爱与珍惜。

懂小姐说

有这样一句话，深得我心：一个女人最重要的能力，不是你把自己打扮得多么漂亮，也不是你挣钱有多厉害，而是无论发生任何事情，你都有快乐起来的能力。

真正有气质的淑女，从不炫耀她所拥有的一切。她不告诉人她读过什么书，去过什么地方，因为她没有自卑感。

她们无须通过外界的肯定来证明自己，正如星辰无须白昼的光芒来彰显其璀璨。

这些女子，清醒而独立，她们的贵气不在于张扬的装扮或刻意的炫耀，而是一种自然而然流露出的高雅与不凡。她们明白，真正的华丽，是内在的丰富与深邃，而非外在的浮华与张扬。

她们深知，人生的价值在于不断地自我提升与成长。因此，她们选择将时间更多地投入阅读与思考、游历与体验之中，以此来充盈自己的灵魂，拓宽视野与心胸。在她们看来，与其费心劳力去寻求他人的认可与赞美，不如专注于自我修行。

作家冯唐曾说：“每个人都要有个笃定的核，这样在宇宙间，才不易被风吹散。”行走世间，每个人皆会邂逅他人疑虑的目光，遭遇生活的挑战。那些内心脆弱之人，宛若一盘散落的细沙，微风吹拂，便轻易溃散；内心坚韧不拔者，她们犹如风中的木棉树，即便狂风肆虐，暴雨倾盆，亦能枝头繁花。

愿在读此书的大家，都能成为内核稳定的女人。

你害怕也这样，
不害怕也这样。

伴侣都要懂得的六种亲密性维度

字字珠玑

爱之于我，不是肌肤之亲，不是一蔬一饭，它是一种不死的欲望，是疲惫生活中的英雄梦想。

——[法]玛格丽特·杜拉斯《情人》

哲理小故事

有规律的性生活，就像是给夫妻感情的保鲜剂，时不时给这段关系加点“甜蜜素”，让爱火持续燃烧，温暖如初。而和谐的性生活，更像是打开心扉的钥匙，让两人在床笫之欢后，能更加轻松地卸下防备，畅所欲言，连那些平日里藏着掖着的小心思，也能自然而然地流露出来，真正做到心无隔阂，亲密无间。

要是你还不太懂其中的奥妙，我给你说个趣事听听。我有个朋友，每次聚会都爱带着他媳妇，大家伙儿就爱拿他开涮：“嘿，你这是把媳妇当宝贝了，走哪儿带哪儿，家里头还没看够呢？”还有的说：“是不是管得严，生怕你出去乱来啊？”他一听，乐呵呵地摆手：“哪儿的话，我就是喜欢跟她一块儿，她不在身边，我这心里头就跟少了啥似的，空落落的。”一句话逗得大家哈哈大笑。

接着，他话锋一转，还反过来问我们：“你们呢，家里头是不是也这么和谐？”一开始他还装模作样地打马虎眼，但没多久，就自个儿憋不住了：“说真的，我们俩那感情，好着呢！晚上睡一块儿，那不就是最亲近的人吗？时不时来点小恩爱，日子过得多滋润！”说完，自个儿先乐上了。

你再瞧瞧那些个夫妻，晚上睡一块儿却中间宽得能再躺几个人，这样的日子，还有啥话好说、啥心好交？婚姻啊，怕是要成了空壳子，只剩下那张纸了。

所以说，夫妻间的亲密行为，不管是简单的拥抱、深情的吻，还是更进一步的亲密时光，都是给感情加温的好法子。生活中的点点滴滴，都藏着对彼此的关爱和体谅，这些可都是打心眼儿里发出来的真情。和谐的性生活，更是让夫妻俩心连心、情更浓的关键，它能让沟通更顺畅、理解更深刻，还能让那份渴望的关爱和包容在彼此间流淌不息。

懂小姐说

健康伴侣的六种亲密性维度如下：

共情性：他们具备敏锐的洞察力，能即时感知你情绪的微妙起伏。在你需要倾诉时，他们耐心倾听，不仅给予支持，更与你心灵共鸣。以温柔与理解，构建起爱与尊重的港湾。

稳定性：面对生活的风雨，他们如同定海神针，即便在最艰难的时刻也能保持冷静与自持。他们懂得如何以健康的方式处理自身的负面情绪，避免其波及你，更不会以伤害作为情感的宣泄。

尊重性：他们深知个人空间与选择的重要性，对你的感受始终保持尊重。在这段关系中，你们相互独立又紧密相连，是平等的伙伴，而非从属关系。

激情性：情欲之爱，源于对伴侣外貌的深切吸引与迷恋。对于情欲之爱得分较高的人来说，他们更加坚信“一见钟情”的魔力，认为爱情可以在瞬间绽放，如同电光火石般不可抗拒。同时，他们也倾向于将婚姻视为蜜月期的甜蜜延续，期待在婚姻的旅途中持续享受那份由外貌吸引所引发的激情与浪漫。

理性：他们重视沟通的力量，深知无谓的争吵只会消耗彼此的情感。在重大事项上，他们言而有信，承诺即行动，以实际行动证明自己的可靠与担当。

亲密性：与他们相处，你总能感受到一种难以言喻的安全与放松。你们之间的精神交流深入而真挚，不断加深着彼此的连接与理解。这种亲密无间的关系，成了你们共同成长的坚实基石。

理想的亲密关系，是激情、亲密和承诺这三者的平衡。

过分沉浸于激情，便是迷恋之爱，虽绚烂却短暂；若缺失了那份深入骨髓的亲密，便沦为愚蠢之爱；但仅有承诺却无激情的关系，则空洞而乏味。

分房睡一睡，友谊能翻倍？

当了妈妈，再忙也要做的一件事

字字珠玑

即使很爱孩子，也必须学习怎样把我们的爱分割转化成能够帮助他们的语言。

——[美]阿黛尔·法伯/伊莱恩·玛兹丽施
《解放父母　解放孩子》

爱和联结是每一株小幼苗最重要的养料，也永远是你能给他的最好的礼物。

——[法]伊莎贝拉·费利奥莎/阿努克·迪布瓦
《他怎么总找我麻烦？！理解六至十一岁孩子》

爱孩子并不是给他们一个目的地，而是为他们的旅程提供给养。

——[美]艾莉森·高普尼克《园丁与木匠》

哲理小故事

随着儿子日渐成长，日常生活中那些令人猝不及防的见解，让“代沟”这个词频繁跃入我的脑海。作为“老母亲”，我总是渴望与他深入探讨关于“异性”的话题，如同老狐狸般，总想将一切智慧传授给他。

终于，一个契机来了。朋友寄来的刊物中，夹着一份面向青少年的问卷，其中一题尤为引人注目：“异性的哪种特质最吸引你？”问卷以选择题的形式呈现，列出了诸多选项，只需简单勾选“是”或“否”。我眼前一亮，认为这是个绝佳的交流机会。

“儿子，来看看这份有趣的问卷，想不想试试？”我微笑着递给他。

他接过刊物，匆匆一瞥，随即笑道：“妈，我知道你的心思，但我可不想成为你的实验品。”说完，便将问卷推回给我。

我没有感到意外，青春期的孩子总爱用“不服从”来证明自己的独立。我尝试地劝道：“妈妈想了解你的心思很正常啊。心胸开阔，才能成大事。母子俩应该多交流才对哦。”

见他若有所思，我趁热打铁，采用了他这个年龄段可能感兴趣的方式，假装开始请教他一些我不懂的问题：“好吧，你不想说也没事，但有个词我不懂，你得解释给我听。”我指着问卷上的“酷”字问道。

果然，他沉默片刻后，似乎被激起了兴趣：“妈，你连‘酷’都不知道，还作家呢！‘酷’是形容人冷峻有型，是个褒义词。”

“原来如此啊！这个词我还以为是残酷的意思，多可怕。”我故作严肃。

他扑哧一笑，带着几分少年特有的纯真：“班里好多同学都喜欢装得酷酷的，但我不觉得‘酷’这个品质有多吸引人。”

我见机行事，提议道：“那我们换个方式，我念选项，你答‘是’或‘否’，怎么样？”

他点头同意，于是我们开始了这场特别的“关于异性”的对话。

“健康重要吗？”我首先问道。

“不，健康不重要，我更看重感觉。”他回答得毫不犹豫。

我心中虽惊，却也理解这份青春的肆意。

“那聪明呢？”

“也不重要，女孩子不用太聪明。”他轻描淡写。

我苦笑，继续问：“美和俊呢？”

“这些都不重要。”他摇了摇头。

直到问到“温柔有爱心”，他才肯定地回答：“是，一个女孩若没爱心，比男孩还让人难以接受。”

接下来的对话中，他否定了才华、勤奋，却对幽默情有独钟，甚至对“鬼点子多，有创意”表现出了极大的兴趣。

“妈，我就知道你会不赞成，所以一开始才不想玩这个游戏。”他边说边起身去做作业，“现在你知道我的想法了，我不想改变。”

我望着他的背影，手中紧握着那份问卷。温柔、幽默、有创意，这是他为自己心目中的异性设定的标准，既陌生又新鲜。我意识到，每个时代都有它的独特印记，儿子这一代，正以自己的方式重新定义爱情。

其实，这又何尝不是属于孩子自己的人生问卷，答案需由他们自己去寻找、去解答。而我，只需在一旁静静理解，默默支持。

懂小姐说

在我长期从事教育咨询的过程中，常遇到母亲们的疑惑：“为什么我如此爱孩子，他却不愿听我的话？”“为什么小时候开朗的孩子，长大后变得封闭？”“为什么哥哥轻易做到的事，弟弟却那么困难？”

面对这些问题，我总是简单而坚定地回答：请多了解你的孩子。

在寻求解决方案之前，首先要明确的是：你的孩子究竟是怎样的一个人？

爱因斯坦曾说过：“如果用爬树的能力去评价一条鱼，那它将终生自责为失败者。”

同样地，我们应该认识到，每个孩子都有其独特的才能和天赋。一个对数学有天赋的孩子，如果被强迫去学习音乐，可能会感到困惑和挫败。这就是所谓的“让猴子去游泳，让鱼去爬树”。

遗憾的是，许多父母仍在不遗余力地让孩子去适应他们不擅长的领域，而忽略了孩子的真正兴趣和潜力。

这样的结果往往是：孩子失去了对探索的热情，眼中失去了光芒；父母则因无法理解孩子而感到困惑和心痛。陶行知认为，培育人和种花木一样，首先要认识花木的特点，区别不同情况给予施肥浇水和培养教育，这叫“因材施教”。

因此，作为母亲，最重要的任务是：了解孩子，因材施教。让孩子在自己的领域内自由发挥，同时引导他们克服不足，全面成长，最终帮助他们成为独一无二、自信而有成就的个体，活出属于自己的精彩人生。

世界上最难的事，
是跟我妈解释：这游戏不能暂停！

第四篇

会说话的女人，到底有多厉害？

凡是能够说的事情，都能够说清楚；
凡是不能说的事情，就应该保持沉默。

——[英] 路德维希·维特根斯坦《逻辑哲学论》

说话周到比雄辩好，措辞适当比恭维好。

——[英] 弗朗西斯·培根

一个人的成功，15% 得益于专业知识，
85% 得益于良好的社交能力。

——[美] 戴尔·卡耐基

幽默，是女性遗失的武器

字字珠玑

笑声是对羞耻感的矫正或释放，当患者能对自己（的问题）发笑时，他就摆脱了羞耻感。

——[美]约瑟夫·布尔戈《超越羞耻感》

哲理小故事

在许多人眼中，幽默似乎是男性的专属，而女性若展现出这一特质，则可能被视为“不合时宜”。但正是这些偏见，激发了更多女性站出来，用自己的行动证明：幽默不分性别，女性同样可以是幽默的创造者与传播者。但即便是在这样一个女性力量逐渐崛起的时代，“搞笑女”依然面临着诸多偏见与误解。“搞笑女没有爱情”的调侃在网络上时有耳闻，不过事实证明，与搞笑女共度时光，生活将充满无限乐趣与惊喜。

在互联网搞笑文化的浪潮席卷之前，喜剧界早已不乏凭借非凡幽默感与深厚专业素养赢得万千观众青睐的女喜剧人。

在美剧《了不起的麦瑟尔夫人》中，麦瑟尔夫人这一角色以其非凡的韧性与智慧，深刻诠释了幽默的力量。她，一个生活在20世纪中叶的美国女性，面对婚姻破裂、梦想破灭的重重打击，没有选择沉沦，反而以一种近乎叛逆的姿态将生活中的苦涩转化为舞台上的光芒。

麦瑟尔夫人的每一次登台，都是对命运的一次勇敢挑战，她幽默地调侃生活的不易，更在不经意间揭露了人性中的微妙与复杂。她的表演不仅让观众在笑声中得到了释放，更激发了人们对于女性独立、自我实现的深刻思考。

而跨越至今，中国的脱口秀舞台上，杨笠与李雪琴正以她们独有的方式续写着幽默与智慧的传奇。杨笠以其犀利而又不失温柔的笔触，将日常生活中的琐碎与矛盾提炼成幽默的段子，让人在捧腹大笑的同时，也不禁对社会现象进行反思。她的幽默，如同一把精准的手术刀，既解剖了现实的种种不公，又保留了人性的温暖与希望；李雪琴则以她独特的东北幽默感和敏锐的观察力，将平凡生活中的点滴趣事编织成一幅幅生动的画卷。她的表演既接地气又富有哲理，让人在轻松愉快的氛围中感受到生活的真谛。

无论是麦瑟尔夫人在《了不起的麦瑟尔夫人》中的精彩演绎，还是杨笠、李雪琴在现实中的幽默表达，她们都以自己的方式告诉我们：幽默，不仅是一种生活的调味剂，更是一种面对困难、挑战自我的强大武器。在笑声中，我们不仅能够找到心灵的慰藉，更能够激发内在的力量，勇敢地面对生活中的每一个挑战。

长久以来，女性的幽默似乎总被隐藏在幕后，如今，它终于站在了聚光灯下，尽管喜剧界仍由男性主导，但越来越多的女性喜剧人正以她们独特的魅力改变着这一现状。互联网上的“搞笑女”热梗，正是这一趋势的生动写照，它宣告着：女性，同样是幽默的创造者与主宰者。

然而，“搞笑女”与“搞笑美女”之间，似乎总隔着一堵无形的墙。为何部分男性对“搞笑女”持保留态度？

《了不起的麦瑟尔夫人》第五季描绘了麦瑟尔夫人踏入那个男人主导的喜剧圈的艰难历程。她瞄准了热门节目《戈登秀》，梦想能上台表演，但戈登直接拒绝了她登台的机会，只甩给她一个编剧的职位。没办法，她只好曲线救国，成了办公室里唯一的女编剧。“是金子总会发光”的老话，在那时候根本行不通。刚开始，根本没人觉得她好笑，甚至都懒得听她说。咋办？忍！她憋着劲儿不停地写笑话，四周后，终于她的第一个笑话被采用了。但这反而更残酷，因为她意识到，在这个男人的地盘光好笑还不够，你得比他们更好笑，才能勉强混进去。并且，你的笑话还得合他们的胃口。

这或许源于根深蒂固的性别刻板印象——在择偶游戏中，男性常以幽默为武器，而女性则被期待为幽默的接受者与赞美者。这种设定下，女性的幽默似乎成了一种“越界”，不被传统性别角色所接纳。

但科学研究却为我们揭示了另一番景象：幽默与智力、教育水平正相关，教育水平越高的人往往幽默细胞越活跃，且幽默者往往展现出较低的攻击性。这意味着，女性身上的幽默特质实则是其智慧与善良的体现，这一理念与“郎才女貌”的传统观念相去甚远。

懂小姐说

“语言能够照亮躲藏在黑暗中的事物，改变人们的思维方式，从而改变人们的行为。但如果你闭口不言，它就毫无用处。”麦瑟尔夫人的这句话，不仅是对自己脱口秀事业的信念宣言，更是对女性自我表达与独立精神的诠释。她用自己的经历告诉世人，幽默不仅仅是生活的调味剂，更是女性面对困境、挑战自我、实现自我价值的工具。在这里，我们看到了幽默的力量。

深挖了 2407 场 TED 演讲的精髓后，我发现了另一个有意思的现象：那些在台上爱讲笑话的女性演讲者，比那些一本正经的女性，还有同样爱逗乐的男同胞们，更得人心，也更有号召力。这简直就是给“女强人就得板着脸”的老观念来了个大反转！

说起来，幽默这玩意儿，不光在职场上能给女性加分，日常生活中也是她们提升魅力的秘密武器。就像有位作家说的，《脱口秀大会》上的女笑星一个个看着挺“冲”，但那可不是真要打人，她们是在用幽默主动出击，展现自己的独特魅力。

就拿美国那位单口喜剧女王黄阿丽来说，她大着肚子上台讲自己怀孕期间的尴尬，实打实地吐槽孕期那些苦不堪言的经历。她这么一做，直接把女性谈论自己身体的禁忌给打破了。要知道，像“月经”“阴道”这些词儿，以前提起来都让女人们脸红心跳，现在把这些曾经的禁忌放入自己的表演或视频中，这都是帮助女性摆脱羞耻感的一种方式。

当女性借着“幽默”，一步步地放下世俗赋予的“羞耻感”，其实也就离真正的自由越来越近了。

再想象一下，你正为肚子上的小赘肉发愁呢，突然一群姐妹围过来，嘻嘻哈哈地说自己也有同样的小烦恼。这时候，你是不是觉得心里轻松多了？原来，大家都有不完美的地方，用笑话一包装，反而成了一种自我接纳和肯定。这也就是心理学上的“群体认同感”。

世界上年龄最大的喜剧女王戴安·佛瑞斯特曾说过：“就算到了我这把年纪，每次上台前还是紧张得要命。但只要观众一笑，我就彻底放松了。”所以啊，姐妹们，学幽默的第一步，就是张口说出来。别怕出错，幽默就是咱们最强大的语言，最犀利的武器。

乾坤未定你我皆是黑马，
闹钟一响你我都是牛马。

调节好情和理，学会说服

字字珠玑

井蛙不可语海，夏虫不可语冰，凡夫不可语道。

——（战国）庄周《庄子·秋水》

哲理小故事

《资治通鉴》记载的一段触龙与赵太后的对话，展现了令人叹为观止的说服艺术。公元前266年，赵惠文王驾崩，其子赵丹即位为赵孝成王，平原君赵胜受命为相。此时，秦国趁赵国政局变动，侵袭疆土，连取三城。年幼的赵王无力抵抗，国政由赵太后掌控。面对强敌，赵国决定向齐国求援，但齐国提出，需以赵王王弟长安君为人质作为出兵条件。赵太后坚决反对，齐国亦不退让，双方僵持不下。

让我们一同重温这段经典的说服艺术。

触龙缓缓步入宫廷，步伐虽显蹒跚，眼神却充满温情。他首先向赵太后行礼，轻声说道：“太后安康，老臣触龙久未问安，心中甚是挂念。近来腿脚不便，偶感乏力，却总想着来看看太后您。”

赵太后闻言，微微抬头，目光中带着几分戒备，但语气明显较为缓和：“左师来了，我这身子也是大不如前，出门都得靠车辇了。”

触龙关切地问道：“太后近来饮食如何？可还吃得下饭？”

赵太后轻叹一声：“饭量确是少了许多，如今也只喝点稀粥罢了。”

触龙点了点头，仿佛找到了共鸣：“是啊，人老了，总有些力不从心。老臣今日前来，其实还有一事相求。”

赵太后挑眉，心中暗想：“终于来了。”但表面仍保持着平静：“哦？左师有何事需我帮忙？”

触龙微微一笑，显得有些不好意思：“老臣家中幼子舒祺，年已十五，虽不成器，但我这个做父亲的，总想为他谋个出路。斗胆请太后恩准，让他入宫做个侍卫，也好有个照应。”

赵太后听后，神色稍缓，点头道：“原来是这等小事，左师不必客气，我自会安排。”

触龙感激地谢过太后，随即话锋一转：“老臣也想起太后对远嫁燕国的女儿的深情，那番离别之痛，至今仍令人动容。”

赵太后闻言，眼神中闪过一丝温柔与哀愁：“是啊，燕路迢迢，我虽不舍，却也知这是她身为公主的责任。我时常为她祈福，愿她在燕国平安顺遂。”

触龙趁机说道：“太后对女儿的这份爱，深沉而长远。那么，对于长安君，太后是否也应做同样的打算呢？”

赵太后眉头微皱，似乎有所触动：“左师此言何意？”

触龙缓缓道来：“太后爱长安君，自是不必多言。但爱子之道，在于为其计深远。如今，赵国危难之际，正是长安君为国家效力之时。若他能挺身而出，为赵国立下汗马功劳，将来在赵国的地位自然稳固无虞。”

赵太后沉默片刻，似在深思。触龙继续说道：“反观历史，多少王室子弟因缺乏历练与贡献，最终落得凄凉下场。太后若真爱长安君，何不让他趁此机会，为国家、为自己的未来铺路呢？”

赵太后终于被触龙的话打动，她缓缓点头：“左师言之有理，是我太过短视了。长安君的事，就依左师所言吧。”

就这样，一场原本可能引发更大冲突的对话，在触龙的智慧与温情中化解。长安君最终前往齐国为人质，换来了齐国的援军，赵国也因此转危为安。触龙的说服艺术，不仅展现了他对人性深刻的洞察，更体现了他作为一位老臣的忠诚与智慧。

懂小姐说

触龙之所以能够成功说服赵太后，关键在于他巧妙地运用了说服的底层逻辑，这一逻辑不仅适用于古代宫廷，在现代社会的各种沟通场景中依然有效。

情感共鸣，消除隔阂

触龙首先通过聊家常的方式，如询问太后身体、饮食等日常话题，迅速拉近了与赵太后的距离，营造出一种亲切和谐的氛围。这种情感上的共鸣，有效缓解了赵太后因国事烦忧及前朝争议而产生的怒气与戒备心理。在沟通中，无论是与上级、下属、客户还是朋友交流，从对方感兴趣或关心的话题入手，都是建立信任、消除隔阂的有效手段。

寻找共同点，自然过渡

触龙巧妙地以自己对儿子的疼爱为切入点，提出了一个看似私人化的请求，这一举动让赵太后感受到了共鸣——父母对子女的爱是无私且普遍的。通过这一共同点，触龙自然而然地将话题从个人家庭转向了更广泛的育儿观念上，为后续的深入讨论铺设了道路。在说服过程中，找到双方共同的立场或兴趣点，是引导对话方向、实现顺畅过渡的关键。

提出新视角，引导思考

触龙并未直接指责赵太后的做法，而是以一种温和的方式，提出了自己对“何为真正爱子女”的看法。他通过分享自己的育儿观，以及历史上赵王子孙的兴衰案例，引导赵太后从更长远、更全面的角度思考长安君的未来。这种以理服人、以情动人的方式，让赵太后在不知不觉中接受了触龙的观点，认识到了让长安君为国家出力的重要性。

动之以情，晓之以理，诱之以利

触龙说服赵太后的过程中，充分展现了“动之以情，晓之以理，诱之以利”的底层逻辑。他首先以情感共鸣打动人心，再以理性分析阐明利害，最后通过强调长安君未来在赵国的立足之本，引导赵太后做出符合大局的决定。这一逻辑不仅适用于古代宫廷的权谋斗争，也是现代说服与谈判中不可或缺的技巧。

总之，触龙说服赵太后的成功，得益于他精准地把握了人性与人心，灵活运用了说服的底层逻辑。这一逻辑的核心在于建立情感连接、寻找共同话题、引导深入思考，并最终通过情感、理性和利益的综合作用，实现说服目标。

换个说法：两个人的沟通 70% 是情绪，30% 是内容。如果情绪不对，内容就会扭曲。因此，没有良好的情绪，说得再多也只是发泄。

人生不是辩论赛，
与其相互说服，
不如相互删除。
删除联系人

我不好惹，但又很温柔

字字珠玑

良言一句三冬暖，恶语伤人六月寒。

——（明）《增广贤文》

哲理小故事

章乐与丈夫步入婚姻殿堂已有两年多，然而，一件看似微不足道的小事却成了她心中的小小疙瘩——如厕后，丈夫总不合上马桶盖。出于对家中爱猫安全的考虑，章乐屡次提醒，但丈夫虽应允，次日却依旧我行我素，这让她既无奈又恼火，两人的小摩擦也因此频繁发生。

章乐尝试过放任不管，可那份对细节的关注让她难以释怀，每次见到开着的马桶盖，心中的不悦便油然而生，最终还是不免一番争执。直至某日，她将这份烦恼倾诉给了闺密，闺密听后，为她支了一招妙计。

夜幕降临，当章乐再次发现马桶盖未合时，她没有直接责备，而是以一种轻松诙谐的语气说道：“嘿，你知道吗？我今天听办公室的一个趣闻，说是不合马桶盖财运会悄悄溜走哦！”说完这句话，她留意到丈夫的脸上虽未显露出明显情感上的波动，但脸上的表情有了微妙的变化。

接下来的日子里，章乐发现无须再提醒，丈夫竟能自觉合上马桶盖了，且几乎每日如此。原来，那句关于财运的玩笑话，竟悄然改变了丈夫的行为习惯。在生活的点滴中，智慧与幽默往往能化解看似棘手的矛盾，能让生活充满博弈的乐趣。

懂小姐说

委婉的表达，真是一门细心的艺术，简简单单换个说法，就能让平凡的话语换来意想不到的效果。就拿朋友邀约吃饭这事儿来说吧，如果你直接来一句“抱歉，工作缠身”，虽然真诚，却可能让朋友心里泛起一丝凉意，误以为你高冷或是不够珍视这份情谊。但换个温柔的说法：“真是不好意思，我手头突然冒出个紧急任务，得全力以赴。不过，我的心早就飞到咱们下次相聚的温馨场景里了。”这样一说，拒绝也变得温暖起来，对方心里就像被春风拂过，甜蜜又舒心，两人的关系也因此更加亲密无间。

委婉的表达，在人际交往中绝对是高手过招的必备秘籍。无论是批评时的点到即止，拒绝时的温柔以待，还是建议时的巧妙引导，它都能以最小的摩擦达成最大的理解和共鸣。这样的沟通方式不仅保护了彼此的情感，更让关系在不经意间悄然升温，成为彼此生命中不可或缺的存在。

学会时刻保持微笑，表面糊涂，实则看透不说透。装傻是一种高级的聪明，不把情绪表现在脸上。

学会做一个不好惹，但又很温柔的女生。

说话有分寸，才能步步为“赢”

字字珠玑

说话要留口德，不能明说，常言道：“话到舌尖留半句，事从礼上让三分。”

——（清）郭小亭《济公全传》

哲理小故事

春秋息夫人的遭遇令人唏嘘。当她不幸遭遇姐夫蔡侯的猥亵后，若她能以更加婉转而智慧的方式，向夫君息侯传达此事，或许历史的轨迹将会有所不同。息侯的愤怒虽情有可原，但冲动之下引发的连锁反应，却使息国遭受了灭顶之灾，息侯身陷囹圄，而息夫人自己也难逃命运的摆布，被迫成为楚国的夫人。

此事深刻揭示了沟通艺术的重要性：言语既能化干戈为玉

帛，亦能引祸上身。会说话者，能以其言语之魅力化险为夷，甚至招来福祉；而不善言辞者，则可能因一时之失言招致无妄之灾。

设想息夫人当时若能运用巧妙的沟通技巧，以更加平和、理智的方式让息侯了解真相，或许能够避免那场不必要的战争，保护息国的安宁，也能保全自身的安全与尊严。

反观马克·吐温，这位美国文坛上的幽默巨匠，以其机智诙谐闻名遐迩，他屡次巧妙运用暗示与调侃将生活中的点滴转化为令人捧腹的艺术。某次他踏上前往大学演讲的旅程，没想到这一趟火车开得特别慢，眼看演讲时间将至，心中难免焦急万分。

就在这时，几位列车员手持查票夹，开始进入车厢查票。马克·吐温灵机一动，从口袋中抽出一张小巧的儿童票，当列车员的目光落在他的儿童票上时，打趣道："哟，看不出来，您还童心未泯呢！"

马克·吐温则故作无辜，耸了耸肩，以一种既无奈又带几分自嘲的语气回应："哎，买票那会儿，我确实还是个孩子嘛，只是这火车慢得让我直接'长大成人'了。"此言一出，车厢内顿时洋溢着轻松愉悦的氛围，马克·吐温的幽默不仅巧妙表达了对火车速度的不满，还不伤和气。

这个故事告诉我们，批评也可以是一种艺术，通过巧妙的言辞转换，绕个弯子，让原本可能尖锐的话语变得柔和而富有深意。双方在这样的互动中，不仅达到了沟通的目的，更在笑声中加深了理解与尊重，实现了情感与智慧的双重升华。

懂小姐说

不知何时起，网络上悄然兴起一句流行语：“谁认真谁就输了。”暂且不论这句话的普遍适用性如何，但在某些情境下，尤其是面对他人的批评时，这句话却意外地成了一种颇具哲理的指引。它似乎在提醒我们，在某些情况下，过度的认真可能非但无益，反而会让自己陷入不必要的情绪纠葛中。因此，在处理批评时，保持一种适度的心态，不轻易被情绪左右，或许正是“谁认真谁就输了”这一说法所蕴含的智慧所在。

《论语·里仁》有云：“君子欲讷于言而敏于行”，意思是少说废话多干事。试想，事未竟而多言，恐有浮夸之嫌，易给人以不实之感；事既成仍滔滔不绝，则恐显自得之意，落入狂妄浅薄之境。

故而，人之修养，观于口而知深浅。言语之间，当如持尺量度，方能显其内敛与稳重。唯有如此，方能脚踏实地，步步为营，使人生之路越发宽广而坚实。

“话到舌尖留半句，事从礼上让三分。”此乃古训之精髓，亦为人处世之良鉴。

腹有诗书气自华

字字珠玑

读书多了，容颜自然改变。

——三毛《送你一匹马》

哲理小故事

我有个挚友，年前经人引荐去相亲，结识了一位网络女红人。她身姿曼妙，纤腰翘臀，尽显风情万种，让朋友初见之下满心欢喜。然而，一顿饭的工夫，朋友便带着几分无奈向我倾诉：“真希望她是个哑巴。”

深入交谈后，我了解到，这位姑娘的外貌固然出众，但言语间却少了那份温婉与雅致，取而代之的是满嘴的粗俗与浅薄。这让我不禁想起另一位朋友，她自恃美貌，梦想嫁入豪门，却未曾意识到，她那尖酸刻薄的话语为她减分不少，最终被隔绝在豪门之外。

语言这门艺术，同样存在着阶层之分——“低俗”“通俗”与“高雅”，它们如同音乐中的不同乐章，各自演绎着不同的情感与格调。

低俗的语言往往充斥着粗言秽语与黄色笑话，它们如同市井中的喧嚣，近年来更是在网络空间肆意蔓延。记得人民网曾发布的一份报告列举了多个网络低俗词汇，如“尼玛”“你妹”等，这些词汇的泛滥不仅侵蚀了语言的纯净，也悄然降低了使用者的文化品位。试想，一位女子若时常将这些词汇挂在嘴边，即便容颜再美，也难以掩盖其内在的粗俗与浅薄。

而高雅的语言，则如同清泉般洗涤心灵，它要求我们在表达时不仅要准确清晰，更要富有美感与深度。记得抖音上曾有一段视频，一位男士试图描绘雨势之大，磕磕巴巴了半天，最后还是只说出了一句“好大的雨”。相比之下，若能以“大雨滂沱，如注如倾”或者“风如拔山怒，雨如决河倾”来形容，那份意境与美感便跃然而出。

英国的哲学家维特根斯坦的哲言“我的语言的界限意味着我的世界的界限”，深刻地揭示了语言与认知、情感之间的紧密联系。因此，我们应当努力提升自己的语言表达能力，减少口头禅的使用，避免那些无意识的粗俗词汇。同时，也要不断丰富自己的知识结构，学会用更加精准、生动的语言来表达内心的感受与见解。

比如，在描述一场壮丽的日落时，不妨引用“落霞与孤鹜齐飞，秋水共长天一色”这样的古典诗句，而非简单地以“卧槽，太美了”来敷衍了事。这样的表达，不仅能够展现出你的文化底蕴与审美情趣，更能让对方感受到你内心的细腻与丰富。

懂小姐说

一颗笨拙的心说不出漂亮的话。口乃心之门户，**你为什么说话漂亮？是因为有一颗聪慧的心**。所以会不会说话，就看你读了多少书。

比方说失恋了，有文化的人会怎么说？

“人生若只如初见，何事秋风悲画扇。等闲变却故人心，却道故人心易变。”这叫文化，没文化的人只会说：“难受，哭哭，求抱抱。”

你去北京故宫，你看着彤阶飞雪，青枝寒酥，有文化的人会说：“紫禁城头飞白雪，坤宁宫内音尘绝。两朝王气自消磨，四海共和天下悦。”没文化的人只会说一句：“真美啊！到处都是白白的。”

秋天夜里下了一场雨，有文化的人会说：“一声声，一更更。窗外芭蕉窗里灯，此时无限情。梦难成，恨难平。不道愁人不喜听，空阶滴到明。”如果没有文化怎么说？“到处这么湿，昨晚肯定又下雨了。”

所以一个人一开口，是高雅还是通俗，往往能瞬间显露其学识修养与心灵境界。高雅的言辞，如同山间清泉，潺潺流淌，不仅悦耳动听，更能滋养人心。

让我们**“吹灭读书灯，一身都是月”**。

巧言高手
必须掌握措辞规律

字字珠玑

口者，心之门户也。心者，神之主也。志意、喜欲、思虑、智谋，此皆由门户出入。

——（战国）鬼谷子《鬼谷子·捭阖》

世事洞明皆学问，人情练达即文章。

——（清）曹雪芹《红楼梦》

哲理小故事

在《红楼梦》里，薛宝钗被誉为“情商高手”。她出身名门，满腹经纶，却以知性温柔著称，初入荣国府便赢得了广泛赞誉，连性格偏激的赵姨娘也对其“大度得体”赞不绝口。薛宝钗的智慧不仅体现在她的学识上，更在于她深谙人心，懂得如何以恰当的方式表达，从而赢得他人的好感与尊重。

在她 15 岁及笄生日之际，贾母慷慨解囊为其庆生，询问其喜好时，宝钗并未盲目迎合，而是细心观察贾母的心意，选择了贾母所爱的戏曲与食物。这一举动不仅让贾母满心欢喜，也进一步巩固了她在贾府中的地位。

宝钗总能恰如其分地收敛锋芒，给人以谦逊温婉之感。即便是与多愁善感、时常郁结的林黛玉相处，她也能以知心姐姐的姿态温柔地表达共鸣："你我皆是寄人篱下，彼此扶持，方能在这府中寻得一丝慰藉。"此言一出，瞬间拉近了两颗孤独心灵的距离，让黛玉也感受到了前所未有的温暖与理解，足见其言语间蕴含的深厚情感与高超的沟通技巧。

而在另一维度，电影《快乐飞行》中的一幕，也生动展示了措辞的力量。新入职的空姐，正踏上她职业生涯的首次飞行之旅。然而，在餐食分配环节，却遭遇了一个小插曲——乘客们对牛肉的偏爱，让鱼肉意外地遭遇了冷落，堆积成山。这对于正在面临首航考核的新人来说，无疑是一场突如其来的挑战。

正当这位空姐感到手足无措之际，经验丰富的前辈们为她献上了一个妙计："你只需保持原有的供餐安排，但在介绍时，不妨这样描述：'本次航班特别为您准备了机内供餐，其中包括采用优质香草提香、搭配富含矿物质的天然岩盐及粗制黑胡椒精心嫩煎的白身鱼，以及我们一贯备受欢迎的传统牛肉。'"

采纳了前辈的建议后，空姐以全新的方式向乘客们介绍餐食。令人惊讶的是，这番话仿佛拥有魔力一般，大多数乘客的选择悄然发生了变化，他们纷纷被那充满诱惑力的鱼肉描述所吸引，主动选择了原本可能忽视的鱼肉。更令人欣喜的是，品尝之后，乘客们纷纷表示鱼肉的味道超乎想象，甚至觉得它比牛肉更加美味。

诚然，有人或许会认为这只是电影中的虚构情节，充满了戏剧性的夸张。但不可否认的是，在商业世界中，通过巧妙运用语言艺术改变措辞以吸引顾客、提升产品价值，从而赢得市场青睐的例子不胜枚举。这种策略不仅体现了语言的魅力，更是商业智慧的一种体现。

懂小姐说

语言，虽说是由一个个文字组成的，但其深意并非单独一两个字词所能传递，而是源于文字间精妙的组合。当文字间的搭配恰到好处时，它们就构成了一句句优美而富有力量的诗意措辞。这样的措辞，不仅能够清晰地表达我们的意思，更能触动他人的心弦，引发共鸣。

然而，如果文字的搭配失当，那么即便每个字都很有意义，但整体却会显得杂乱无章，没有说服力。因此，我们在运用语言时，应当像匠人一般用心雕琢每一个文字，精心搭配每一句话语。

在沟通中，开口交谈绝非信口开河。每一句话都应承载着一定的意图，以达成预期效果。这要求我们不仅要洞悉人心，更要深刻理解对方的思维脉络。正如《快乐飞行》中的空姐所理解的，乘客偏爱牛肉，实则源于对品质与营养价值的普遍认同。同理，若能让乘客意识到鱼肉的独特价值与非凡之处，其选择自会随之改变。因此，成为沟通高手的关键一步，便是“融入具体情境，揣摩对方心意”。

然而，揣摩之后并非直接倾诉，还需进一步探寻对方深层的渴望与需求。乘客追求的是营养与健康，了解这些需求，能让我们的言辞更加有的放矢，直击要害。如此，方才符合成为巧言高手的第二条黄金法则——“精准分析需求，说出符合对方心意的措辞”。

言语之间，字句虽微，却是情感与智慧的交融。搭配合宜，则言辞生辉，令人愉悦；搭配失当，则味同嚼蜡，令人难以接受。

以前叫拍马屁，
现在叫提供情绪价值。

高贵的女人，不说诋毁别人的闲话

字字珠玑

人有短，切莫揭。人有私，切莫说。

——（清）李毓秀《弟子规》

哲理小故事

当众揭人短处，那可真不是聪明人干的事，更像是小人的把戏。咱们看看明太祖朱元璋的故事，生动形象地展示了说话有度的道理。

想当年，朱元璋还是个穷小子，在田里干活，还给地主放过牛。后来，他成了皇帝，那叫一个风光。有一天，他小时候的两个朋友跑到宫里来，想求他赏个一官半职。

其中一个人一见到朱元璋，就忘了自己在哪儿了，直接喊他的小名“朱重八”，还在那么多大臣面前，讲他们小时候偷地主家青豆的糗事，说得那叫一个起劲，完全没考虑场合。这下可好，朱元璋面子挂不住了，火冒三丈，直接骂他是“疯子”，让人把他轰了出去。

再看另一个人，他一看这架势，立马就反应过来了。他恭恭敬敬地跪下，把偷豆子的事说得跟英雄事迹似的，说：“皇上您还记得吗？当年小民跟着您的大驾，我们在中途劫持了豆将军……”这么一说，不仅故事好听了，还给朱元璋脸上贴金了。大臣们听后都乐了，夸朱元璋小时候就有勇有谋。朱元璋一听也高兴了，马上封这位旧友为御林军总管。

这事告诉我们，在人多的地方随便说别人的隐私或者不好的事，那是招人烦的，也是给自己找不痛快。说话得有个分寸，别揭人短，别谈人私事，这是做人的基本道理。

说到这，我就想起社区里的郭阿姨，那真是个会说话的高手。每次社区聚会，大家爱聊八卦，她就在旁边听着，从不乱说话。有人想套她的话，问她对某个人的看法，她就说：“每个人都有自己的活法，咱们得尊重。”这话一出，既不得罪人，又显得她特别有教养。这就是聪慧女性的魅力啊，说话像春风一样，让人舒服。

懂小姐说

俗语云：静坐常思己过，闲谈莫论人非。每个人的心中都有一个不愿被触碰的角落，你无意中的一句话语，或许就在不经意间给他人心灵留下了伤痕，甚至为自己招来了不必要的麻烦。

在欢声笑语中，言语的选择与尺度的拿捏，如同春风化雨，能让氛围更加和谐，烦恼自然随风而去。

不道人长短，不揭人伤疤，不揪人过错，这不仅是个人修养的极致体现，更是对他人最大的温柔与尊重。高贵的女性，她们的言谈举止，如同精心雕琢的艺术品，充满了智慧与魅力。她们懂得先说对方想听的，再说自己想讲的，夸人得夸细节，给别人建议时先扬后抑再扬……

总之，会说话的女人永远让人很上头。

她们深知，言语的力量在于精而不在多，一句切中要害、合情合理的话语，足以触动人心，温暖如春。因此，她们总是谨慎言辞，避免无谓的争执与伤害，让每一次开口都能传递正能量。

记住，话说多了总会有失误之时，所谓“言多必失”。唯有谨言慎行，方能行稳致远，让美好的言辞成为连接心与心的桥梁。

第五篇

美出高级感
形象走在能力前

披罗衣之璀粲兮，珥瑶碧之华琚。

——（三国）曹植《洛神赋》

贤士，

如今世上都是先敬罗衣后敬人的时节，

也须穿着那鲜明衣帽，打扮的齐整才好。

——（元）高文秀《谇范叔》

养成最难复刻的气质

字字珠玑

女人之美不在五官，而在其内心折射的真美。这就是她给出的关爱和她表现的热情。女人的这种美是随着岁月流逝而增长的。

——[美]奥黛丽·赫本

哲理小故事

李渔在其著作《闲情偶寄》中，以他独到的审美眼光，详尽地剖析了美人的标准，从精致的眉眼、纤细的手足，到考究的穿着打扮，乃至歌舞才艺的展现，无一不展现出他对美的深刻理解和追求。然而，在这番对美貌的细致拆解与点评之后，李渔却出人意料地专辟一章，聚焦于一个更为深邃且难以捉摸的层面——女人的姿态，也就是我们所说的气质。

在这一章中，李渔不再仅仅停留于外在形式的探讨，而是深入到了美的内核，强调了姿态对于女性整体美感的重要性。他认为，真正的美人不仅仅在于五官的精致、服饰的华丽或是才艺的出众，更在于她们举手投足间流露出的那份自然、优雅与从容。这种姿态，是内在修养与外在表现的完美结合，是时间沉淀与自我修炼的成果。

尽管李渔的审美观念带有些许时代的印记，但关于气质的见解，却跨越时空，至今仍引人深思。世间美人千千万，有的美在照片定格的瞬间，而有些则需动态中方能尽显其韵。初见或许平平无奇，一旦动起来，那举手投足间流露的风姿，足以让人心动不已。

书中有一段尤为动人，讲的是一个春日雨天里的缟衣贫妇。雨急，众人皆奔入亭中避雨，唯她淡然立于檐下，因为此时亭内拥挤，所以不添纷扰；众人急于抖去雨水，她却深知檐下雨丝不绝，抖亦徒劳。雨势稍歇，众人急不可耐地外出，未料雨又骤至，狼狈返回。而她，早已预判雨势未尽，从容不迫。更令人动容的是，她非但无半点自得，反而在他人衣衫尽湿时，伸出援手，轻轻抖落他人身上的水珠。这一幕，在李渔眼中，简直是“万千姿态集于一身，尽显温婉之媚”。

岁月流转，或许那些精致的面容、细腻的妆容会逐渐模糊，但那份由心而生的姿态与气质，却如同陈年佳酿，越久越醇厚。它源自内心的修养与积淀，是任何外在装饰都难以企及的高度。

当春日的酒宴散去，灯影摇曳成灰，那些浮华终将逝去，唯有那份深植于灵魂深处的静美与从容，是时间给予有心人的温柔馈赠。

懂小姐说

外在形象的优雅与否，衣着打扮固然重要，但它更是悠悠岁月中积淀的智慧与风度的展现。它源自内心的富足与平衡，是一种无论顺境逆境都能保持淡然自若、不为外物所动的力量。淡然，并非刻意营造的假象，而是历经沧桑后对人生百态的深刻领悟与超脱。优雅之人内心强大而平和，面对荣辱得失皆能一笑置之，尽显从容不迫之姿。

《中国诗词大会》的舞台上，武亦姝于飞花令之激烈交锋中，宛如遗世独立，以一句“七月在野，八月在宇，九月在户，十月蟋蟀入我床下”悠然应对，不仅赢得了比赛，更以那份超凡脱俗的静谧之美，震撼了每一个人的心灵。这正是文人风骨的真实写照——沉稳内敛，心静如水，不为外界所扰，尽显大家风范。

成大美者，皆蕴静气于内。此静气，源自心灵的平和自洽，是面对世事纷扰而能波澜不惊的从容风范。

古语云：“心静则神远，相由心生。”当一个人能够深谙沉稳之道，将心神凝聚于一事一物，深入思索，笃定前行，这份内心的宁静便自然而然地流露于外，化作其面容上的宁静温婉与眼神中的坚定柔和。

唯一对我喊“别走好吗”的人，是我的体育老师。他说：“别走好吗？快跑起来。”

失去礼貌的人，也会失去美貌

字字珠玑

礼貌经常可以替代最高贵的感情。

——［法］普罗斯佩·梅里美

脾气暴躁是人类较为卑劣的天性之一，人要是发脾气就等于在人类进步的阶梯上倒退了一步。

——［英］查尔斯·罗伯特·达尔文

哲理小故事

在“5·20”前夕，青岛电视台的热门情感栏目《一见钟情》策划了一场街头采访活动，旨在捕捉恋人之间的甜蜜瞬间。

当主持人注意到一对情侣手牵手、悠然自得地漫步于商场的走廊时，随即上前准备采访。然而，这对情侣却表示他们并不打算过“5·20”，婉拒了采访的邀请。

作为一名经验丰富的主持人，本应对这样的拒绝习以为常，但她却似乎未能把握住分寸，脱口而出：“哦，分了！”

情侣二人闻言，脸上顿时露出了不悦的神情。他们显然被这句话所伤害，于是停下脚步，要求主持人对自己的言行负责，给予一个合理的解释或道歉。

此刻，如果主持人能够迅速意识到自己的错误，以诚恳的态度表达歉意，或许这场风波就能迅速平息。但遗憾的是，她却阴阳怪气地说：“好了，好了，我给你道歉。不过话说回来，你的脾气真是好得没话说，能遇到这么温柔又漂亮的女生做伴侣，真是你的福气啊。”

这番话中蕴含的嘲讽意味，任何人都能感受到。这对情侣再也无法抑制心中的怒火，他们决定采取行动，将这段不愉快的经历公之于众。这一消息迅速在网络上扩散开来。随着事态的不断升级，舆论的压力越来越大，青岛电视台《一见钟情》栏目组不得不对该主持人进行了停职处理。

这个案例不禁让人联想起作家骆以军儿时的一段经历。他与姐姐在菜市场偶遇一位勤劳朴素的中年女子，却因无知与轻率，将对方的外貌作为谈资，甚至对她的家庭角色进行了不恰当的品头论足。

当时，姐姐或许是出于孩童的好奇与无知，她压低声音对骆以军说：“你看那位阿姨，头看起来好大，脸也宽宽的，衣服还脏，是不是有点像我们看过的动画片里的大河马？”骆以军闻言，也顺着姐姐的目光望去，年少的他也未能免俗，被姐姐的比喻逗得轻轻一笑。

见女人依旧埋头苦干，没有任何反应，姐弟俩的胆子似乎更大了些，他们甚至说出了“她的儿子如果有这样的妈妈，该是多么可怜”这样的话语。

就在这时，那位看似沉默寡言的女人突然停下了手中的活计，猛地抬起头，那双布满血丝的眼睛里闪烁着愤怒与悲伤的光芒。她的声音因激动而微微颤抖，大声吼道：“你们以为自己有钱就了不起吗？我穷，我丑，但我也是个母亲，我也有资格去爱我的孩子，去为他付出一切！你们凭什么这样说我？”

那一刻，市场仿佛静止了，所有人的目光都聚焦在了这一幕上。骆以军和姐姐被女人的怒吼震住了，他们从未见过如此强烈的情绪爆发，更未料到自己的无心之言竟会如此伤人。

女子的突然爆发，不仅是愤怒与委屈的宣泄，更是对尊严被践踏的强烈抗议。这一场景，成了骆以军心中多年难以释怀的愧疚。

他意识到，所有的言语轻慢，归根结底都是源于对他人缺乏足够的尊重与理解。幽默与刻薄、随性与口无遮拦之间，有着天壤之别。言语这个看似轻如鸿毛的东西，实则拥有着沉甸甸的重量与不可忽视的温度。

归根结底，言语的力量在于它能温暖人心，也能伤人至深。刻薄与幽默，随性与口无遮拦，界限分明，不容混淆。在每一次开口之前，我们都应三思而后言。

懂小姐说

言辞之间，尽显个人之修养与世界观之轮廓。

言语带刺的人，往往不懂得换位思考，不仅伤了别人的心，也斩断了自己的人缘。

德国哲学家马丁·海德格尔说过一句很有意思的话：人在说话，话也在说人。

心中常怀他人，言语间如同设有无形之锁，谨慎而温柔。这样的女生，行至何方，皆能收获满目的欣赏与由衷的尊重。她们以行动诠释着何为体贴入微，以沉默守护着每一份情谊的纯粹与珍贵。

聊天时别人发微笑，
你不知道怎么回时，
就说：你笑得真好看。
帅锅
20:31
你笑得真好看

每天运动一小时，做个多巴胺女孩

字字珠玑

人的健全，不但靠饮食，尤靠运动。

——蔡元培《运动的需要》

只有运动才可以除去各种各样的疑虑。

——[德]歌德

哲理小故事

我的一个好朋友慧慧曾是那个被工作与家庭双重责任压得几乎喘不过气的职场女性。日复一日，她穿梭于办公室与家之间，下班回家还得忙家务，照顾孩子。久而久之，慧慧发现自己的体重悄然上升，脸色也失去了往日的光泽，记忆力更是大不如前，经常是转身就忘了刚刚要做的事情。

某日，她在浏览网页时，偶然间看到了“坚持锻炼相当于1年多赚17万”的话题，起初她也觉得有些夸张，心中不禁泛起几分疑虑：作为普通职场女性，月薪有限，一年到头省吃俭用，又怎可能凭空多出如此巨款？不过，她最终还是按捺不住好奇，点击进去仔细查看。

原来，这一说法的科学依据源自权威杂志《柳叶刀》，耶鲁大学的研究团队在对120万名成年人进行深入调研后，得出了这一结论。他们发现，即便是每天只进行一小时的锻炼，也能有效缓解抑郁情绪，而这些情绪健康的提升，换算成经济收益，每月至少可达万元。

这番话让慧慧回想起了过去。几年前，她每天都跑步锻炼。每当汗水淋漓之后，那种身心的清爽与释放，总能让她暂时忘却烦恼，重新找回自我。但随着搬家和生活的变迁，这份坚持逐渐淡化，慢慢地也就不再跑步了。

最近一段时间，慧慧发现自己即便尝试了艾灸、按摩等方法，也难以恢复往日的活力。于是，慧慧下定决心要重新拾起跑步的习惯。

每天清晨，慧慧便穿上跑鞋，迎着微风，踏上了小区的跑道。渐渐地，跑步成了她生活中不可或缺的一部分，她发现自己越来越享受这种身心释放的感觉。

几个月后，慧慧的变化让周围的人都感到惊讶。她的体重减轻了，身材变得更加匀称，整个人看起来焕然一新，仿佛年轻了10岁。更重要的是，她的记忆力也有了明显的提升。在一次工作汇报中，她需要记忆大量的数据和信息，但出乎意料的是，她竟然能够轻松应对，这也赢得了领导的赞赏。

常听人说，运动与不运动，差的是整个人生。人生下半场，拼的不是成就或财富，而是运动与健康。美国有个研究长期记忆的教授叫温蒂，和慧慧一样，她自己也经历了这个变化。

有一次，温蒂教授去参加漂流，她平时都在实验室里忙，结果发现自己体能居然是最差的。于是她决定开始运动。一年多后，她不仅身材变好了，连集中注意力都比以前强多了。

她很好奇，运动是怎么让大脑变聪明的呢?

于是，她开始深入探究运动对大脑的深远影响。研究成果令人振奋：长期运动，能够深刻重塑大脑的解剖结构，优化生理机能，提升各项功能。“仅需让身体动起来，便能及时且持久地守护我们的大脑，这份益处，将伴随我们一生。”温蒂教授如此总结道。

如今，慧慧已经成为朋友们眼中的“跑步女神”，她用自己的亲身经历告诉每一个人：无论生活多么忙碌和艰辛，都不应该放弃对健康和美好的追求。跑步，这个简单而又强大的运动方式，正是她重塑自我、焕发新生的秘密武器。她相信，只要坚持下去，每个人都能成为更好的自己。

每天运动一小时，汗水淋漓，筋骨舒展。

懂小姐说

多巴胺，这一源自大脑的神奇化学物质，是自然界赋予我们的“快乐使者”，其情绪标签鲜明地指向愉悦与满足。当我们投身于运动之中，身体仿佛被激活了快乐的源泉，多巴胺便在其中悄然生成，为我们带来无比的舒畅与快感。

正是这份由内而外的快乐，成了我们追求健康生活的强大驱动力。它促使我们更倾向于选择那些对身体有益的行为，如坚持健康饮食、积极锻炼身体、保持良好的社交互动，从而形成一个良性循环：越健康，我们感受到的快乐就越多；而越快乐，我们就越有动力去维持并促进自身的健康。

正如日本作家村上春树说的：“你所有想要的样子，都能靠自己雕刻出来。”不少女性步入中年后，因为家庭和职场的双重压力，稍不留神，肥胖、结节、失眠等健康问题便悄然袭来。

而运动，能让每一个细胞都活跃起来，促使体内的代谢废物随着汗水畅快排出，仿佛进行了一场身体的深度清洁。毒素的减少，不仅让气色焕然一新，更让整个人看起来精神焕发，仿佛重获新生。

在这个过程中，任何昂贵的护肤品都显得苍白无力，唯有运动，特别是坚持跑步，才是对抗岁月侵蚀、保持青春活力的最佳良方。每一滴挥洒的汗水，都是对时间的抗争，让你在不知不觉中实现逆龄生长。

更有科学研究为跑步的益处提供了有力支撑。美国的保罗·洛普利博士在进行的一项实验中，选取了18～35岁的成年人作为研究对象，通过记录他们在跑步前、跑步中、跑步后记忆难度相同的复杂生词的效果，发现跑步后的记忆表现最佳。究其根本，是跑步促进了血液循环，为大脑输送了更多氧气，提升了大脑的代谢效率和工作环境，进而增强了认知能力。

美国国立卫生研究院也指出：“运动能够增加大脑神经元数量，提高大脑的认知功能。”这一发现再次印证了运动对智力与思维的积极影响。一个人的运动量，往往与其思维的活跃度紧密相连。

所以，让我们把生活调至燃脂频道。

不开心的时候，
流泪不如流汗。

每晚睡前，原谅一切

字字珠玑

怎样度过人生的低潮期？安静地等待，好好睡觉，像一只冬眠的熊。

——毕淑敏《恰到好处的幸福》

睡眠像是清凉的浪花，会把你头脑中的一切混浊荡涤干净。

——[俄]屠格涅夫

哲理小故事

对很多人来说，能踏踏实实地睡个好觉，简直就是奢望中的奢望。

在网络上看到这么一个故事，有个29岁的姑娘，她晚上总睡不好，要么睡不着，要么睡不踏实，还老做梦。最要命的是，早上醒来，头跟灌了铅似的，晕乎乎的，全身哪儿都酸痛，跟没睡过一样，整天工作都提不起精神。

你知道吗？在中国，像她这样为睡觉发愁的人，有 4 亿！

睡不好，问题很大。

一天没睡够 = 多吃一个汉堡。

英国有个教授，他做了个实验，他挑选了 172 位志愿者，并将他们分成两组。一组人每天的睡眠时间被限制在 3.5 ~ 5.5 个小时，而另一组则能享受 7 小时睡眠。实验结果显示，那些睡眠时间被缩短的志愿者，每天平均多摄入了 385 千卡的热量。这个数字，正好相当于一个麦香鸡腿堡所含的热量。换句话说，睡眠不足，无形中增加了我们发胖的风险。

连续三天睡不好 = 容颜老三岁。

英国媒体《每日邮报》曾报道了一项关于睡眠的实验，该实验探讨了长期睡眠不足对一个人外貌的影响。一位 46 岁的名叫莎拉（Sarah）的女士成为实验对象，当莎拉每天仅获得 6 小时的睡眠时，与平日里她享受 8 小时充足睡眠的状态相比，简直判若两人。仅仅三天的时间，她的脸色变得黯淡无光，失去了往日的光彩；双眼失去了神采，显得疲惫而无神；发质也明显变差，干枯无光泽；更令人惊讶的是，她的脸上竟然出现了许多细纹，整个人看起来仿佛瞬间老去了好几岁。

还有，睡不好和心情也大有关系。很多人失眠久了，就容易得抑郁症。据统计，在抑郁症患者中，高达 90% 的人饱受睡眠问题的困扰。他们要么难以入睡，要么睡眠质量极差，甚至有的人几乎彻夜难眠。而长期与失眠抗争的人，他们面临重度抑郁症的风险，竟是那些拥有良好睡眠者的 4 ~ 5 倍之多。

最吓人的还是熬夜，去年有个22岁的姑娘，连着熬了三个礼拜的夜，结果说走就走了。还有个网友卡卡，熬夜熬到脑出血，在ICU里躺了九天才捡回一条命。所以，健康才是最大的财富。好好睡觉，保证自己的睡眠质量，这才是我们这辈子最该重视的事。

懂小姐说

弘一法师曾开解：“睡前原谅一切，醒来便是重生。世间万般皆苦，唯有自渡。真正的强者，是夜深人静把心掏出来，自己缝缝补补。”

你们有没有过这样的经历，温柔的夜色中，自己静静地看着窗外的月光，深深地陷入自己的世界，在那一刻，你是否感受到了内心的挣扎和痛苦？

世间万物，纷繁复杂。我们每个人，皆是这宏大剧本中的一员，各自演绎着自己的篇章，时而沐浴在欢笑与喜悦的阳光之下，时而又被痛苦与挫折的阴霾笼罩。这便是生活的真谛，光明与黑暗交织，希望与绝望并存。

身处这笙歌鼎沸、繁花似锦的世间，我们如何在情感的波澜起伏中，觅得一份坚韧与自持？我们又该如何学会在悲欢离合的洪流中自我救赎，在历经沧桑后，能够释怀过往，轻装上阵？这是一场心灵的修行，需要我们在每一次心碎后都能寻回内心的平静与力量，学会放手。

心境如镜，映照万物，一切烦忧皆源自内心的波澜。你对待生活的姿态，正是生活回馈于你的温度。怀抱乐观之心去审视这个世界，你会发现，原来世界本就藏着无数未被发掘的美好与奇迹。正如阳光穿透云层，照亮大地，乐观的心态能驱散心中的阴霾，让周遭的一切都变得温暖而明亮。

闻香识女人，美出高级感

字字珠玑

与语言、外貌、情感或意志相比，气味的说服力更大。

——[德]帕特里克·聚斯金德《香水》

哲理小故事

其实，在日常生活中，我并不是那种特别讲究氛围的人，但唯独对气味特别着迷，总爱闻那些好闻的香气。从小我就爱闻大人的护肤品，看着妈妈抹面霜、喷香水，心里就盼着快点长大，也能像她那样优雅。没想到，长大就是一眨眼的事，我从小女孩变成了大姑娘，还拥有了好多瓶香水。

年轻的时候，我喜欢那些有少女感的香气，夏天爱绿茶的清新，秋天喜欢雏菊的温柔，冬天则偏爱樱桃的甜蜜。但随着年龄增长，我逐渐爱上了那些有故事的香氛。

一年，在意大利的马尔彭萨机场，出关的路上，有个超大的广告屏轮播着那些美得让人心动的香水广告。我眼睛直勾勾地盯着那屏幕，结果前面的人都走老远了，我还没回过神。后面一位女士笑着打趣："小姑娘，没见过这阵仗？想买就去免税店嘛，别挡道啦！"我连忙道歉，一溜烟儿跑去买了那瓶让我心动的香水。那一刻我懂了，香水广告卖的不是单纯的味道，是那种让人心动的感觉。

转眼到了第二年秋天，参加完北京国际时装周后，我溜达到前门步行街，无意间闯进了维维尼奥的香氛小屋。和那里的国际调香师闲聊，他说：同一款香水，在每个人身上，味道是有微妙差别的。

我当时心里直犯嘀咕，香水不就是一种味吗？

后来跟闺密聚会，大家决定都用同一款香水试试。坐一块儿，互相闻了闻，嘿，还真不一样！原来，我们每个人都有独特的体香，跟香水一混，就产生了新的味道。于是，我渐渐明白，香水不仅仅是外在的装饰，更是内心世界的映射。它如同岁月的香氛标签，记录着我们的成长、经历与情感。

古往今来，宗教仪式无不将香视为不可或缺的圣品，焚香祭天，乃至葬礼上的烟熏之仪，皆是对此信仰的深刻践行。**香气，如同神秘力量的载体，既能揭示超自然领域的奥秘，又能渗透人心，触及那隐秘的内心世界、精神深处乃至"灵魂"之域。**

正如法国学者伊丽莎白·德·费多所说的：自从人类历史发端以来，香氛就代表着使人类升华的力量，这股力量能让人类成为一个高高在上的、永恒世界中的一部分。

想象一下，祭台之上，香火缭绕，芬芳的烟雾缓缓升起，不仅是对天上诸神的崇高献礼，更是人类心灵祈愿的载体，穿越尘世的屏障，向神界传递着无尽的虔诚与期盼。类比此理，香水所营造的性感氛围，其气息已超越简单的“体香”范畴，你所闻到的，是她内在精神世界的展现，是她“灵魂”的香气，在肉体之外绵延不绝。

这种体验，是香水独有的魅力所在。

懂小姐说

香水，是香氛故事，是情感记忆，是个性标签。

女人用香水，就像是给自己每天穿上一件隐形的香氛外衣，多年以后，当你回想起某个日子，最先浮现在脑海的，可能就是那天空气中弥漫的那个味道。

你是否有过这样的经历？逛香水柜台时，试过好多款，鼻子都闻麻木了，还是拿不定主意到底哪一种香氛最适合自己？其实，每款香水的味道都来自大自然里的花草植物。

至于个人偏好，我确实对某些味道情有独钟。比如，栀子花的清新脱俗，总能唤醒内心深处的纯净与宁静；玫瑰的馥郁芬芳，则是浪漫与优雅的代名词。当然，香草的甜蜜、柑橘的清新、薰衣草的舒缓、雪松的沉稳、胡椒的微妙辛辣、檀香与麝香的深邃，都各有千秋，适合不同的季节和场合。

在香水界，总有那么几款经典之作，它们不仅拥有令人难忘的香气，更承载着丰富的故事与文化内涵。法国大革命时期是哲学家和香水的天下。路易十五的宫殿，被誉为“香水之殿”，人们习惯将香水轻洒于扇面、家具乃至衣物之上，营造出一个梦幻般的香氛世界。而香水发展的真正飞跃，则始于 18 世纪古龙水的诞生。

古龙水，融合了天然香料与纯净酒精，无毒无害。拿破仑，是古龙水的狂热粉丝，他不仅爱用其沐浴，还创新性地将之与糖混在一起饮用，据传，他每日消耗的古龙水量大得惊人，高达 5 千克。

另一款经典之作——香奈儿 CHANEL No.5 的诞生更有它奇特的经历。1921 年的蒙特卡洛之旅，于可可 · 香奈儿（Coco Chanel）而言，是一次灵感迸发的奇遇。在那里，她意外重逢了两位艺术家朋友，一位是时装界的同行，另一位则是才华横溢的香水大师。这次跨界交流，激发了前所未有的创意火花，最终孕育出了香奈儿 CHANEL No.5。

关于这款香水的命名，背后还藏着一个有趣的故事。在研制的过程中，香水调配大师欧内斯特 · 博（Ernest Beaux）呈上了多款香水样品供品鉴。在众多样品中，可可 · 香奈儿毫不犹豫地选择了第 5 款。更为巧妙的是，她决定将这款香水命名为“No.5”，这不仅仅是对所选样品的编号，据说“5”还是可可 · 香奈儿的个人幸运数字。

时至今日，CHANEL No.5 并未因岁月而褪色，就连已逝去 50 多年的性感女神玛丽莲 · 梦露也曾说过“我只拥 CHANEL No.5 入睡”，这也再次验证了可可 · 香奈儿的那句名言：“潮流易逝，风格永存。”

现实生活中的你，无论是沉浸在甜宠文的浪漫幻想中，还是追求自我风格的独特女性，抑或是怀揣着少女梦想的纯真灵魂，如何找到属于自己的那一抹独特香气是一个值得探究的问题。接下来，懂小姐与大家一起探索三款风格迥异的香水，感受它们独特的香调。

甜宠文里的女主香：兰蔻是我香水

在甜宠文的世界里，女主角总是散发着令人难以抗拒的魅力，“兰蔻是我香水”便是那抹让人魂牵梦绕的千金之香。它巧妙融合了清甜的果香与温柔的玫瑰茉莉，前调如同初绽的晨曦，带着露珠的清新与果实的甜蜜，却不失一丝丝清冷，令人耳目一新；中调渐入佳境，玫瑰与茉莉交织出高雅而不失柔情的氛围，仿佛女主角轻启朱唇，低语呢喃；尾调以清冽的木质香收尾，绵长而优雅，如同故事中的温馨结局，让人沉醉不已。这款香水，正是甜宠文中那位集万千宠爱于一身的女主角的专属香气。

风格独特的女人香：圣罗兰（YSL）“连体衣”

就追求个性与风格的女性而言，圣罗兰（YSL）“连体衣”香水无疑是展现自我魅力的绝佳选择。它以优雅柔美的木兰香为主调，开篇便以佛手柑的清新与鲜甜桃肉的诱惑交织，创造出一种既甜美又不过分腻人的独特韵味；中调中，饱满的木兰香缓缓绽放，如同一位独立自信的女性，在春日花海中独绽光芒，温柔而又不失力量；后调则更加沉稳明媚，鸢尾的雅致与麝香的性感相互交织，为整体香调增添了几分高级感与层次感，让人忍不住想要靠近，探寻这份独特的女人味。

少女香水：miumiu“梦境木兰”

少女的心事，总是那么温柔而梦幻，miumiu“梦境木兰”香水正是这份情愫的完美诠释。它以梨的清新与粉红胡椒的微妙辛辣作为前调，轻轻唤醒少女的纯真与好奇；中调中，木兰与仙客来的花香悠然绽放，如同阳光下绽放的花朵，既展现了少女自信独立的一面，又保留了那份特有的梦幻与柔美；后调的天籁麝香与麝香三甲基缓缓释放，为整个香调披上了一层温柔而神秘的纱幔，让人仿佛置身于一个充满梦幻色彩的少女梦境之中，感受着那份纯真与美好的气息。

愿大家：风过无痕，岁月生香。

小配饰的大用途，让你时髦得和别人不一样

字字珠玑

当我系上一条丝巾时，才前所未有地感到自己如此女人。

——[英]奥黛丽 · 赫本

哲理小故事

提及丝巾的经典造型，电影《罗马假日》中的赫本无疑是永恒的灵感源泉。画面中，她骑着自行车，一头俏皮的短发随风轻扬，身着简约的白色衬衫搭配优雅的半身裙，而颈间那条黑白交织的丝巾，瞬间点亮了整个造型，成了时尚史上不可磨灭的印记。

不仅如此，她在《摩纳哥王妃》中的另一经典形象——以丝巾包裹秀发，再次展现了丝巾的无限魅力与多变风格，这一造型同样引领了一股复古而又不失现代感的潮流。

而今，被誉为“现代版赫本”的时尚博主 Jenny Walton，更是将这份对丝巾的热爱发挥到了极致。在她的街拍中，丝巾不仅是颈间的温柔点缀，更是创意无限的配饰。时而缠绕于颈间，增添一抹知性与风情；时而化作发饰，包裹住秀发，展现别样的优雅与随性；甚至偶尔调皮地绑在包包上，为整体造型增添一抹不经意的亮点。

在云南一个古老的城镇里，有一间小店，店主晓娅以她那双巧手和对美的独到见解，将一件件看似平凡的配饰赋予了生命。小镇上的人们都知道，晓娅不仅是一位工匠，更像是一位魔法师，她能用小小的配饰改变一个人的气质，甚至影响他们的心情。

艾薇——一个总是躲在人群后、对自己的外貌不甚满意的年轻女孩。她拥有一张圆润的脸庞，每当穿上简洁的衣物时，总觉得自己缺乏亮点。一日，她无意间走进了这个小店，顿时被店内琳琅满目的配饰深深吸引。晓娅微笑着迎上前，仿佛看透了艾薇的心思，轻轻拿起一对流线型长耳环，说：“试试这对吧，它们会是你最好的朋友。”

艾薇半信半疑地戴上耳环，镜中的自己仿佛被施了魔法。长耳环优雅地垂落在脸颊两侧，不仅修饰了脸型，更让她的五官显得更加立体生动。晓娅又递给她一条色彩斑斓的大丝巾，教她如何巧妙地系在颈间，丝巾瞬间遮住了双下巴，脸庞显得更加小巧精致。艾薇惊叹于这些微小变化带来的巨大影响，她意识到，原来美不仅仅在于衣物，更在于那些能够凸显个性、彰显魅力的配饰。

懂小姐说

在这个追求个性与表达的时代，配饰早已不再是简单的装饰物，它们成了我们表达自我、彰显品位的重要工具。作为一位资深的时尚达人，懂小姐深知配饰是最具性价比的氛围感利器，往往一个不怎么花钱的小小的配饰，就能起到画龙点睛的效果。

✧ 脸型修饰的艺术：选择合适的配饰，能够有效修饰脸型，提升整体美感。对于圆形脸和小巧脸型的女性来说，长耳环是绝佳的选择，它们能够拉长脸部线条，让五官更加立体。同时，淡妆的加持更是锦上添花，让整个人看起来更加清新脱俗。

✧ 包包：俗话说得好，“包”治百病。一款合适的包包，不仅能够装载日常所需，更能成为整体造型的点睛之笔。对于身材娇小的女性来说，小巧精致的包包能够在视觉上拉长身高；而肩带长度的选择，则直接关系到身材比例的优化。记住，肩带最合适的长度应落在臀部附近，过长或过短都会影响整体美感。

✧ 斜挎包的显瘦秘诀：穿着显胖的白色上衣时，不妨尝试斜背一款包包。这样的搭配不仅能够转移视线焦点，还能在视觉上形成

分割，让上半身看起来更加轻盈。

　◇ 帽子的魔力：无论春夏秋冬，帽子都是时尚造型中不可或缺的元素。一顶合适的帽子，不仅能够增添造型的层次感，还能在瞬间提升整体气质。当你觉得服装单调乏味时，一顶漂亮的帽子就能让你焕然一新，成为焦点所在。

在时尚的旅途中，配饰是我们最忠实的伙伴。

　"我的脸型偏大，耳饰会不合适吧？""我性格直率，是不是与小巧精致的饰品格格不入？""我不够柔美，驾驭不了这些配饰。"请将这些自我设限的念头统统抛诸脑后！

　事实上，我坚信每位女性都能找到让自己熠熠生辉的配饰。记得多年前，我曾力荐一位脸型圆润饱满的同事尝试耳饰，起初她因自我认知的局限而犹豫，但当她勇敢地迈出那一步，不仅发现了自己与耳饰的和谐之美，更在社交平台上分享了自己的新宠饰品。

相逢，欲罢不能。
精致，无可超越。

　同样，我也见证了无数拥有超短发或自认为中性风格的女性，在尝试与自身气质相得益彰的耳饰后，焕发出前所未有的光彩。关键在于，我们要勇于探索，寻找那份能够彰显个人独特魅力的饰品风格。

　因此，不要害怕尝试，不要受限于既定的观念与偏见。在这个多彩的世界里，每一种美都值得被看见，让我们一起探索配饰的无限魅力，成为那个走在时尚前沿的"时髦精"吧！

学会这三招，成就“不老女神”

字字珠玑

依旧桃花面，频低柳叶眉。

——（唐）韦庄《女冠子·昨夜夜半》

一个人无法不变老，但是他可以抵制衰老。

——[爱尔兰]塞缪尔·贝克特

哲理小故事

有这样一位女性，她以不凡的生活态度，诠释了何为真正的“不老女神”。她就是周玲，一位 90 岁高龄却依然活力四射、风采照人的老人。

年轻时的周玲，生活并非一帆风顺。她经历了时代的变迁，承受了生活的艰辛，但这些都未能磨灭她对美好生活的向往。退休之后，面对生活的又一次考验——丈夫中风瘫痪在床，她没有被击垮，反而以更加坚韧的姿态，扛起了家庭的重担。

在一次偶然的机会中，周玲在一场晚会上听到了这么一句话：“人到老年，才开始明白，衰老不是从中年开始的，而是从厌倦生活开始的。”

她意识到，年龄不过是生命的数字，真正决定一个人是否老去的是心态和对生活的态度。于是，周玲开始了她的“不老之旅”。在悉心照料丈夫的同时，她重拾年轻时的爱好，练字、摄影、排练节目，甚至走上了T台，展现着属于老年人的独特魅力。她不仅没有被时代抛弃，反而以一种超乎常人的活力紧跟时代的步伐，享受着生活的每一个瞬间。

周玲的故事，让我想起了另一位“旗袍奶奶”韩彬。年近70岁的她，在国际T台上大放异彩，举手投足间尽显古韵雅致，惊艳了时装周。韩彬年轻时是一位技艺出众的匠人，但她从未放弃对美的追求。工作之余，她沉浸在传统文化中，让自己内外兼修，涵养才情，沉淀灵魂。

无论是周玲还是韩彬，她们都以实际行动告诉我们：优雅的人生，与年龄无关。真正的“不老女神”，是那些无论身处何种境遇，都能保持一颗热爱生活、追求美好的心。她们用自己的方式，证明了年龄不过是一个数字，无法阻挡一个人追求美好生活的脚步。

懂小姐说

第一招：穿搭的艺术，彰显个性风采

“衣如其人”，正如这句话所描述的，年龄不是限制，关键在于找到适合自己的风格。踏入中年，若渴望在明媚春光中展现既甜美又干练、知性且不失高雅气质的形象，经典衬衫无疑是您的时尚良伴。针对娇小身形的女性，尝试将条纹衬衫巧妙叠穿于设计感十足的不规则马甲之内，下身配以宽松阔腿裤，这样的搭配不仅巧妙修饰了身材比例，还融入了一抹俏皮少女的活力。

而对于追求温柔与妩媚并存的中年女性来说，半身裙则是展现女性魅力的不二之选。无论是搭配简约衬衫还是针织衫，都能轻松驾驭。

若您渴望日常穿搭既简约又不失格调，那么一条气质非凡的阔腿裤便是理想之选。这款裤型以其对身材的包容性而广受好评，通过“侧塞裤腰”或是精心挑选的配饰点缀，

便能瞬间提升整体造型的层次感与时尚感，让您在任何场合下都能自信满满，风采照人。

经典元素巧运用：选择具有经典元素的单品，如白衬衫、小黑裙、格纹外套等，它们不仅百搭，还能凸显女性的知性美。

色彩搭配显活力：适当运用色彩搭配，可以打破沉闷，增添活力。选择适合自己的亮色作为点缀，或是利用同色系搭配营造高级感。

细节之处见真章：精致的配饰、得体的发型与妆容，都是提升整体造型的关键。一对简约的耳环、一抹淡雅的口红，都能让女性焕发出不一样的光彩。

第二招：中医美容方法多，养颜抗衰有妙招

《黄帝内经》言：“夫精明五色者，气之华也。”

女性的青春驻颜，根源还在于脏腑气血的盛衰。气血一旦循环不畅、瘀滞堵塞，便可能在外表上显现出苍白的肤色、暗淡的气色，仿佛失去了自然的光泽，不得不依赖妆容来增添几分生气。所以，真正的“冻龄”秘诀，除了外在的修饰，更要在意从内而外的滋养与调和。

以下三个中医养生的秘诀，大家不妨记试一试。

饮食调养，营养均衡：遵循“五谷为养、五果为助、五畜为益、五菜为充”的中医饮食原则，注重食物的多样性与营养的均衡性。多摄入富含维生素、矿物质及抗氧化物质的食物，如红枣、枸杞、黑芝麻等，有助于美容养颜、延缓衰老。

经络按摩，促进循环：学习简单的经络按摩手法，如面部提拉、

头部按摩等，可以促进血液循环，缓解面部疲劳，提升肌肤紧致度。

情志调护，心态平和：保持积极乐观的心态，学会调节情绪，避免过度焦虑与抑郁。中医认为“怒伤肝、喜伤心、思伤脾、忧伤肺、恐伤肾”，因此保持良好的心态对于健康至关重要。

第三招：内在修养，涵养气质之美

真正的“不老女神”不仅拥有外在的美丽，更具备内在的修养与气质。女性应该多读书、多旅行、多思考，不断丰富自己的精神世界。

阅读与学习：通过阅读书籍、学习新知识，拓宽视野，提升智慧。书籍是心灵的粮食，可以滋养人的灵魂，让人变得更加有内涵与深度。

自我反思与成长：定期进行自我反思，审视自己的言行举止，发现并改正不足之处。同时勇于接受新事物，挑战自我，实现个人成长与突破。

培养兴趣爱好：拥有一项或多项兴趣爱好，可以丰富生活内容，陶冶情操。这些爱好不仅能让女性在忙碌之余得到放松与愉悦，还能提升生活品质与幸福感。

能抗拒岁月侵袭的女性，会穿搭、懂养生；而且，她的内心必定是积极向上、乐观豁达的。人变老，不是从第一道皱纹、第一根白发开始，而是从放弃自己那一刻开始。唯有那些从不轻言放弃自己的人，方能活出一种无畏岁月、不显老态的风采。

年轻不嗨，
老年痴呆。

第六篇

女生一定要知道的“富婆”思维

财富就是支撑一个人生存多长时间的能力，
或者说：
如果我今天停止工作，
我还能活多久？

——[美] 罗伯特·T. 清崎 / 莎伦·L. 莱希特《富爸爸·穷爸爸》

女人的自信，
一半来自阅历和价值，
一半来自自律和颜值，
与其仰望别人，
不如精雕自己。

——[日] 稻盛和夫《活法》

“野马效应”：毁掉一个人的，是心灵失控

字字珠玑

有时候，一件芝麻绿豆般的小事就足以让我们恼火：一只蚊子在黑暗中嗡嗡作响，我们挥舞手臂一通乱赶，甚至耳光打到了自己的脸上，无奈之余我们不得不起身开灯，去搜寻这个讨厌的小东西。就像这只蚊子一样，日常生活中小小的困扰、误解、摩擦不断袭来，让我们无法摆脱，而我们的怒火也是一触即发。这时候，类似“不要小题大做”的忠告根本无济于事。

——[德]恩斯特弗里德·哈尼希

哲理小故事

在心理学中，有一个有趣的现象叫作“野马效应”：在非洲辽阔的草原上，生活着一种依赖野马血液为生的血蝙蝠，它们赖

以生存的方式便是吸取野马体内的血液。

然而，众多野马最终并非直接死于蝙蝠的吸血，蝙蝠所吸取的血液量，远不足以致命；真正导致野马丧命的，是它们在面对蝙蝠纠缠时所爆发的极度愤怒，随之而来的狂奔乱窜，最终耗尽了体力。

为了深入理解“野马效应”，让我们通过一个职场纠葛的真实故事来细细品味。

故事发生在一家广告公司，赵雷是那里的资深文案，凭借丰富的经验和卓越的才华，他在团队中拥有举足轻重的地位。而林晓，则是公司新招募的设计师，尽管年轻，但她创意无限，深受公司高层器重。

某次，公司迎来了一项至关重要的客户项目。领导决定让赵雷与林晓携手合作，赵雷专攻文案，林晓则负责设计。起初，两人配合得还算和谐，但随着项目的推进，分歧逐渐显现。

一日清晨，林晓怀揣着满腔热情，将她的新设计图展现在赵雷面前：“赵哥，这是我精心设计的海报，你觉得如何？”林晓的眼神中充满期待。

赵雷接过设计稿，细细端详，眉头不禁微微蹙起：“嗯，这个配色略显不妥，文案与设计的搭配也略显生硬。你是否可以考虑再做些调整？”

林晓听后，脸上掠过一丝失望。“赵哥，我觉得这个配色相当新颖，也贴合年轻人的审美。你能不能给我一些更具体的建议呢？”

赵雷的语气不经意间变得有些生硬:“我说得还不够明确吗？你这样的设计很难打动客户，你要明白，创意固然重要，但实用性同样不可或缺！”

林晓闻言，感觉受到了莫大的轻视，她认为赵雷根本没有理解她的设计理念，只是凭借经验来压制她的创意。她沉默片刻，拿起设计稿，头也不回地离开了办公室。

此刻，林晓的情绪如同脱缰的野马，逐渐失控。她觉得赵雷是在轻视她的能力，是在故意打压她。她越想越气，回到座位上愤然给领导发了一封邮件，要求更换合作伙伴。领导对此感到十分意外，但为了项目的顺利进行，他决定召开一次会议协调分歧。

在会议上，赵雷显得异常冷静，而林晓则情绪激动异常。

“我觉得赵哥不尊重我的工作，总是用他的‘资深经验’来压制我的创意！”林晓的语气中充满了愤慨。

赵雷则从容不迫地回应道：“我只是从专业的角度提出了建议，你不接受也没关系，但你不能因此就觉得我是在打压你。”

两人的对话逐渐升级，会议室的气氛越发紧张。领导见状，只能无奈地宣布会议暂时休会，让大家冷静后再议。这场会议之后，赵雷与林晓的关系彻底降至冰点。

在项目的后续合作中，两人几乎不再直接沟通，而是通过邮件和第三方来传递信息，导致项目一度陷入停滞。最终，公司高层不得不安排其他人接手这个项目。

这次合作的失败，不仅让项目进度受阻，更对两人的职业生涯造成了不小的冲击。赵雷被贴上了不善于与年轻人沟通的标签，而林晓则被认为情绪化严重，处理问题缺乏成熟稳重感。

懂小姐说

在这个故事中，赵雷与林晓之间的冲突并非源自项目本身的实际问题，而是源于双方，尤其是林晓在面对职场建议时过于敏感的情绪反应。

林晓感觉自己的创意被质疑，甚至觉得被冒犯。这种情绪一旦在林晓心中滋生，便如同一匹脱缰的野马，不断膨胀，直至彻底失控。

林晓的反应可能源于职场中女性常面临的挑战：如何在保持自我创意和个性的同时，接受并融入来自资深同事或上级的反馈和建议。

为了有效应对野马效应，我们首先需要学会情绪的自我管理。当强烈的负面情绪涌上心头时，应学会更加细腻地感知自己的情绪变化，深呼吸和冷静思考。

同时，无论是赵雷还是林晓，在表达自己的观点时都应尽量采用“我觉得”“我认为”等措辞，避免使用指责性的语言。在倾听时，也要给予充分的尊重和反馈，避免一味打断或否定对方。

“钝者，讷于言敏于心。”

敏于心，钝于外，这就是大智若愚的智者。

如果说敏感力是外在洞察世事的一双慧眼，那么钝感力则是内心深处那份坚定不移的力量。对于职场中的女性来说，若能多一份“钝感”，少一份“敏感”，为梦想披上“钝感”的铠甲，驯服内心的“野马”，就能在平静中找到通往成功的道路。

存款就是你人生最大的底气

字字珠玑

人们不应该拿财富作为花天酒地、寻欢作乐的通行证，应该把财富作为抵御不幸和灾祸的保护伞。

——[德]叔本华

哲理小故事

在英国作家简·奥斯汀的经典名著《傲慢与偏见》中，伊丽莎白·班内特以其独特的魅力和坚定的原则，成了文学史上一个不朽的女性形象。面对富有的达西先生，伊丽莎白没有因为金钱的诱惑而轻易放弃自我，她坚守着内心的真实与原则，拒绝了达西的初次求婚。伊丽莎白深知，真正的爱情不应建立在物质之上，而是需要双方心灵的契合与尊重。

伊丽莎白的选择，是经济独立意识的体现。

在那个时代背景下，女性往往缺乏经济自主权，婚姻成为她们改善经济状况的主要途径。然而，伊丽莎白不愿将自己的人生幸福寄托在婚姻带来的经济保障上，她相信凭借自己的智慧和努力，同样可以赢得尊重与自由。

这种态度，不仅让她在爱情面前保持了尊严与平等，也为后来的女性树立了追求经济独立与精神自由的榜样。

在迪士尼动画电影《疯狂动物城》中，小兔子朱迪怀揣着成为第一个兔子警察的梦想，踏上了充满挑战与未知的旅程。在这个由各种动物构成的城市中，她遭遇了种种偏见与不公，但她从未放弃对梦想的追求。

朱迪之所以能够有这种底气，最主要的是因为她拥有一笔“梦想基金”。这笔存款是她通过不懈努力在成为警察之前一点一滴积攒下来的。它不仅是朱迪的经济准备，更是她心理上的强大后盾。

每当遭遇失败或挫折，这笔存款让她有勇气面对困难，有底气重新开始。

这两则故事告诉我们，存款不仅仅是物质上的积累，更是精神上的支撑。我们努力赚钱，不仅仅是为了物质的享受，更是为了那份由内而外的安全感。

懂小姐说

存款，它不仅仅是一串数字，也是我们直面人生风雨的坚实后盾，是筑梦前行的稳固基石，更是我们女性独立自主、自信优雅的标志，是对未来的一份深情承诺。

你有多少存款了？我们来看看以下的数字。

1. 存款 2 万元：就算失业了也能有吃有喝 3 个月，给自己喘息的时间。

2. 存款 10 万元：吃穿用度不会那么局限，暂时可以不用为生计发愁。

3. 存款 30 万元：有自信面对生活的挑战，职业规划有选择。

4. 存款 80 万元：你将拥有实现梦想的资本，未来的生活也会有更多选择。

5. 存款 200 万元：你会有前所未有的安全感，说话有分量，做事有底气。

6. 存款 600 万元：基本就不用工作了，诗和远方都会有。

还有，千万别瞧不上小钱。我们一起来算一笔账：每天存 28 元，1 年就是 1 万元；每天存 137 元，1 年就是 5 万元；每天存 274 元，1 年就是 10 万元；每天存 411 元，1 年就是 15 万元……以此类推，每天存 1370 元，1 年就是 50 万元；每天存 2740 元，1 年就是 100 万元。

要达到存钱的目标，我们需要制订存钱计划。

1.10% 强制储蓄法：每个月发工资后，将工资的 10% 用于储蓄。这个方法适合刚开始想要存钱的朋友，后期可以慢慢把比例调高上去，慢慢培养存钱的好习惯。

2.365 天存钱法：第 1 天存 1 元，第 2 天存 2 元，第 3 天存 3 元，依次递增，第 365 天存 365 元，别看每天存钱金额不多，但是一年下来能存下 66795 元。

365 天压力大的话，也可以按需修改计划，如 100 天存钱计划、

150 天计划等。

3.52 周存钱法：第 1 周存 10 元，第 2 周存 20 元，依次类推，每周增 10 元。第 52 周存 520 元，1 年就能存 13780 元。

4.1234 存钱法：把月收入分成 4 份：10% 日常消费，20% 保险保障，30% 钱生钱，40% 用于长期储蓄（更适合整个家庭的存钱方法）。

5.333 存钱法：把每月的收入平均分成 3 份：分别用于储蓄、开支、理财，可以灵活调整每一份金额的占比（如 333、631、532)。记住，一定要先存后花，避免无钱可存。

要什么避风港，
余额就是安全感。

最赚钱的赛道就是做你自己

字字珠玑

在“成为自己”这件事情上，没有人能比得过你。

——［美］埃里克·乔根森《纳瓦尔宝典》

哲理小故事

常有粉丝向我倾诉，他们在选择人生赛道时感到迷茫，找不到前进的方向。他们渴望赚钱，却又担心自己的想法太过天真，或是认为自己之所以未能致富，是因为缺乏一个绝妙的创意。

大家可千万别想太多了，给你们举几个身边踏踏实实地做正经生意赚钱的例子。

在我们小区，有一位妈妈，她英语能力出众，不仅自己精通英语，还将孩子培养得同样优秀。她看到了英语启蒙市场的潜力，于是决定投身其中。她以 4980 元一个季度的价格提供英语启蒙服务，仅仅用了半年的时间，就实现了百万元的收入。

再如，近年来沙龙经济异军突起，有人看到了这个商机，便专门教授他人如何开设沙龙，如何搭建沙龙的标准化操作流程（SOP）。她以每年 1.2 万元的价格提供培训服务，吸引了数百人加入，同样取得了不菲的收入。

这样的例子在我们身边不胜枚举，几乎遍布各个行业和细分领域。你只需打开小红书，搜索相关商品，就能发现无数这样的成功案例。这些故事告诉我们，赚钱并不需要异想天开的创意或想破脑袋去走捷径，而是需要我们脚踏实地，从自己的专长出发，找到适合自己的赛道，然后坚持不懈地努力下去。

周小糖是一位全职妈妈。

在她带娃期间，意外地发现自己对摄影有着不错的天赋和热情。于是，她便萌生了一个念头——成为一名自由职业摄影师。

起初，周小糖只是为亲朋好友拍摄一些生活照和家庭照，但随着时间的推移，她开始尝试接受一些商业拍摄项目，还开发了一系列与摄影相关的周边产品，如相册、打印服务等。

然而，周小糖并没有止步于此。她深知，要想在互联网时代脱颖而出，就必须拥有自己独特的竞争力。于是，周小糖开始制作摄影课程，将自己的拍摄经验和技巧分享给更多的人。这些课程在互联网上迅速走红，为她带来了可观的收入，也让她实现了经济独立。

所以，当你感到迷茫时，不妨多看看身边的成功案例。记住，每个人的成功都是独一无二的，但它们的共同点在于：**只要你在某方面有特长，并且敢于去挖掘和发挥它的价值，就能找到属于自己的赚钱途径。**

懂小姐说

那么，如何在“做自己”的这条赛道上奔跑起来呢？

首先，要清晰地认识到，无论你从事何种职业，你都掌握着该领域内其他人可能不了解的信息和技能。例如，作为教师，你拥有提升学科成绩、学习方法等方面的专业知识；作为程序员，你精通编程技巧和项目管理；作为设计师，你则擅长设计理念和创意构思。这些独特的信息和技能，正是你在市场上脱颖而出的资本。因此，不妨考虑将这些知识和经验转化为产品或服务，如在线课程、咨询服务等，以此实现价值变现。

其次，要学会从自己的成功经历中提炼出可复制的解决方案，并将其推向市场。无论你在健身、冥想、绘画、网球还是日语学习等方面取得了何种成就，都意味着你已经找到了解决这些问题的有效方法。这些经验不仅对你个人有价值，对同样面临这些问题的人来说也一样宝贵。因此，不妨将这些解决方案包装成课程、培训或计划，通过分享你的成功经验和技巧，帮助他人解决问题，同时实现自己的经济收益。

在这个过程中，你会发现，做自己擅长且热爱的事情并将其转化为商业价值，不仅能让你的职业生涯更加充实和有意义，还能让你在赚钱赛道上走得更远、更稳。

从今天开始停止盲目跟风，开始探索真实的自己。也许下一个靠“做自己”月入 10 万元的幸运儿，就是你。

想发财，这么做：

1·你喜欢画画

零基础iPad绘画入门，598元
已售617 收入40w

零基础绘画录播课，1099元
已售810 收入67w

2·你有一门乐器特长

钢琴基础课程录播课，238元
已售1317 收入31w

3·你喜欢做手工

手工素材包，79元
已售2594 收入20w

手工收纳包，62.1元
已售5883 收入36w

4·你会拍摄

手机摄影课程，199元
已售3w+ 收入354w

5·你英语好

零基础自然拼读录播课，699元
已售1633 收入114w

雅思口语录播课，899元
已售2864 收入257w

6·你会做PPT

一份ppt模版，139元
已售9167 收入127w

先让别人赚钱，再让自己获利

字字珠玑

每次做生意时，我总让对方赚得比我多，所以每个人都想和我做生意。

——李嘉诚

哲理小故事

在《塔木德》这部典籍中，记录了犹太商人库兹马的故事。库兹马拥有一家古董店，其主要供货来源是当地的农民，这些农民在资金短缺时，会将家中的古董，无论真伪，带到库兹马的店里出售。面对这些混杂着真品与赝品的货物，库兹马总是指示店员一律收下。

店员对此感到不解，询问库兹马：“明知其中有假货，为何还要全部接受呢？”库兹马微笑着回答：“我全盘接收，是为了让农民们能从我这里得到更多的收益。这样一来，他们手中有更好的古董时，就会第一个想到我，而我也就能更容易地收集到珍贵的古董了。”

曾国藩曾言：“利益可以共享，却不可独占。”自私的人往往会孤立自己，而那些懂得先让他人获利的人，最终往往能收获更多的回报。

20 世纪 20 年代的云南，有一位名叫胡庸的药商，他的业务是从药农那里收购药材，再将其转卖给零售药铺。当时药材市场的价格波动极大，有时药材刚被收购不久，价格就大幅下跌。

大多数药商在市场价格下跌时，仍坚持按原价出售给零售药铺。然而，胡庸却采取了不同的策略。当药材价格下跌时，他会主动降低批发价，即使这意味着他需要自行补贴，也要确保药铺能够从中获利。

他的这一行为遭到了同行的嘲笑，但胡庸却有自己的看法：“让别人也能赚到一些，只要别人的锅里有饭，我们的碗里就不会缺汤。”由于他始终坚持让合作伙伴多获利，越来越多的药铺选择与他合作，他的生意也因此越来越兴隆，最终取得了巨大的成功。

懂小姐说

稻盛和夫曾说过：“以利他之心生活，能够增进个人的成就感与幸福感，最终这份善行将以某种形式回馈于自身，同样带来益处。”真正在财富积累上取得巨大成就的人，秉持的信念是“我要赢，但我要身边的人一起赢”。

《塔木德》中也提道：“钱的背后是事，把事做好，钱自来；事的背后是人，把人做好，事自成。”

在赚钱的道路上，最终比拼的往往不是单纯的能力或智商，而是如何做人、如何做事的智慧。

因此，构建财富大厦的基石，首先是成为一个值得信赖的人，其次才是正确地执行任务。这种“先做人，后做事”的原则，是通往财富自由不可或缺的底层逻辑。

不是钱买不到快乐，
而是你的那点钱不够。

先飞起来，再调整姿态

字字珠玑

纸上得来终觉浅，绝知此事要躬行。

——（宋）陆游《冬夜读书示子聿》

要学会游泳，就必须下水。

——[俄] 列宁

哲理小故事

我们来说说美国社交网站脸书（Facebook）的创始人扎克伯格的一段经历。一天晚上，扎克伯格被女友甩了，回到宿舍后，他始终闷闷不乐。然而，在这黯淡的时刻，一个灵感如同闪电般划破了他的思绪：“为何不尝试开发一个应用，让学生能够上传并评价校园里女生的照片呢？”

这个念头一旦萌生，便迅速发芽。扎克伯格没有让这份突如其来的灵感溜走，而是立即坐到电脑前，敲起了代码。

仅仅 6 个小时之后，一个名为 Facemash 的产品奇迹般地诞生了，并迅速在哈佛大学内引起了轰动。这个简单却富有创意的平台，不仅展现了扎克伯格惊人的编程能力，更体现了他超乎常人的执行力与决断力。

Facemash 的成功，不仅仅是技术上的胜利，更是扎克伯格面对挫折时能够迅速调整心态，将负面情绪转化为创造力的生动写照。正是这种将想法迅速转化为现实的能力，为他日后创立 Facebook 并最终跻身全球富豪行列奠定了坚实的基础。

面对心中涌动的念头，许多人倾向于先绘制蓝图，力求万事俱备后才开始行动，却往往发现自己始终在原地踏步，未曾真正启程。

然而，唯有勇敢地迈出第一步，我们才能一步步接近那心中向往的彼岸。

懂小姐说

我发现一件十分有趣的现象：许多人在面对困境时，哪怕这一阶段自己的状态很糟糕，但下一次他们依旧如此。他们仿佛陷入了一个难以逃脱的循环，对于如何有效应对困难显得手足无措。从行动力的角度来看，这很大程度上源于他们不知道如何制定一份有效的行动清单。

那么，如何学会写行动清单，从而打破这一困境呢？

步骤一：明确现状，列出当前急需解决的问题或任务。这一步至关重要，因为它能帮助我们聚焦于最紧迫的事项，避免在无关紧要的事情上浪费时间和精力。

步骤二：细化步骤，规划出实现目标的具体路径。学会将目标拆解成多个小步骤，因为每一个步骤的完成都是对整体目标的一次推进。明确每个步骤的先后顺序和所需资源，确保自己在执行过程中能够有条不紊地前进。

接下来，便是持之以恒地执行这份清单。记住，行动清单的价值在于指导我们的行动，而非仅仅停留在纸面上。我们需要定期回顾清单的完成情况，根据实际情况进行调整和优化，确保自己始终朝着正确的方向前进。

学会写行动清单，不仅能够帮助我们更有效地应对困难，还能提升我们的行动力和自信心。当我们看到清单上的每一项任务被逐一完成时，那种成就感和满足感将激励我们继续前行，直至达成最终的目标。

俗话说得好，一个略显笨拙的起步，恰恰是最棒的启程。心里有了想做的事儿，不妨先去尝试、去摸索，把患得患失的心思统统抛诸脑后，别非得等到自己觉得万无一失了才肯动手。先一头扎进去，随意地“混迹”其中，过上那么一阵子，你就会发现，嘿，自己的本事不知不觉间已经大长，竟也变得颇为拿手了。

想，只有困难；做，才有答案。

干啥都要佛系，
唯独搞钱尽心尽力。
9:00
打卡成功

内心丰盈者，独行也如众

字字珠玑

一个人的内在世界越丰富，他对别人的欲望就越少——事实上，别人对他的吸引力也就越小。

——［德］叔本华《人生的智慧》

哲理小故事

记得我第一次一个人去吃海底捞的时候，服务员特别贴心，问我需不需要放个玩偶在我对面陪我。我忙说不用，心里其实在想：一个人吃火锅多爽啊，一点儿也不觉得孤单。

很多人可能觉得，一个人吃火锅太冷清，比不上一群人热闹。但对我来说，高质量的独处比低质量的社交更有意义。毕竟，一个人的时光也可以很精彩。

说到孤独，它其实是每个人生命中不可或缺的一部分。有些人害怕孤独，但有些人却懂得享受孤独。享受孤独的人内心往往很强大，他们有自己的世界，不容易被外界打扰。在这个喧嚣的世界里能做一个享受孤独的人，其实挺不容易的。

孤独，不是指一个人待着不社交，而是和这个世界保持一定的距离，既能享受独处的时光，也能热情地参与社交。人生最好的状态，就是内心充实、强大，这样即使一个人也不会觉得孤单。

就像我的朋友小妍，她最近就遇到了一个烦心事。除夕夜，全家在奶奶家聚会，小妍妈妈一个人在厨房忙前忙后，等大家都吃完了她才吃上几口剩菜。小妍看不过去，就提议大家先吃点，等妈妈忙完一起吃。结果，这个提议却惹恼了二叔，小妍和他争执起来，还被爸爸制止了。回到家后，小妍不仅没得到安慰，反而被爸妈批评了一顿。她觉得很委屈，不明白自己为什么好心没好报。

其实，小妍妈妈心里也苦，但她一直不敢表达自己的想法，总是默默忍受。这背后，其实是她内心深处对冲突的一种恐惧，让她不敢直接站出来说出自己的想法。她甚至担心，如果女儿替自己出头，会招致亲戚们的不满，所以她有时会阻止女儿这样做。这反映出小妍妈妈内心缺乏一种要求被尊重的力量，这种力量我们称之为“内在力量”。

懂小姐说

内在力量这个概念有时候会让人觉得很抽象。其实，内在力量也可以看作一种积极向上的心态和思考问题的好习惯。根据研究，一个人天生的内在力量可能只占三分之一，剩下的三分之二都是靠我们在成长过程中慢慢积累和培养起来的。这就意味着，只要肯努力，每个人都可以建立起自己的内在力量，让自己的内心变得更加平和、舒畅。

一个人活得幸不幸福，能不能实现自己的价值，很大程度上取决于他的内心是否丰盈。内心丰盈的女性，不会被“女人就应该怎样”的传统观念束缚，她们有勇气突破自我，不断追求新的生活体验。她们会不断地挑战自己，探索未知的世界，让自己的生活更加丰富多彩。

然而，有些女性，就像小妍妈妈一样，内心缺乏这种力量。她们往往会过度依赖外界的支持，比如，把更多的注意力放在丈夫和子女身上，一旦遇到一些突发情况，如孩子吵闹、天气突变、工作不顺等，内心就会感到慌乱，失去稳定感。即使遭遇了不公平的对待，她们也会因为内心的恐惧而不敢为自己争取。

这些内在力量不足的女性，往往非常害怕改变，她们渴望生活稳定，因此会过度地控制周围的环境，以求达到内心的安宁。但这样做的结果往往是适得其反，过度的控制反而会导致环境的失控，让她们再次陷入内心的无力感。

相比之下，那些内在力量充裕的女性，她们有着坚定的目标和自信，能够为自己做出明智的选择，并勇于承担责任。她们在遇到困境时，能够保持冷静，主动寻找解决问题的办法，而不是一味地逃避或抱怨。

正所谓，“心有山海，静而不争”。

我小小的世界里，
山花烂漫，茶酒俱全；
安宁清淡，明朗欢愉。

把生死看淡，让一切释然

字字珠玑

方生方死，方死方生。

——（战国）庄周《庄子·齐物论》

哲理小故事

我们大多数人，都是从祖辈的离世开始，才真正感受到生命的流逝。在三维世界的思维惯性里，亲人的离去总是让人悲痛难舍。这份悲痛促使我们深入思考生命的意义。如果它仅仅带来恐惧，就可能让我们陷入无尽的恶性循环，一辈子活在死亡的阴影下。

有个上海的朋友，他的房子租给了一位老人，不幸的是，老人在房里因病去世。物业通知了他，他迅速赶到并联系了老人的家属。老人的儿子悲痛万分，处理完后事后，主动提出补偿房东。

但房东却认为，老人在他家去世，说明他家房子风水好，还坚持退还了余下的房租。他说，这样做让他内心感到安宁。房东和老人的儿子，都是豁达之人，相信他们的人生会因此更加顺遂。

为什么房东会认为老人在他家去世是吉事呢？其实，在传统文化里，寿终正寝被视为有福。闽南地区甚至有“借死不借生”的说法，认为房子里有人去世，自家就少了一个“死”的名额，是吉事。

再来看一个例子。某社区的保安大爷查出癌症晚期后，因为治疗费用高昂，他选择了放弃治疗。他女儿带着他去了想去的地方游玩，父女俩都觉得这比治疗更值得。大爷去世前，他女儿也只通知了几个至亲，一切从简，把父亲的骨灰与花瓣一起撒入了大海。这种对待生死的态度，极为平静，也是一种体面。

说到生死观，86 岁的独居老人朱奶奶的态度更是让人敬佩。她在自己拍的一段 vlog 里明确表示，如果意识不清，就不要抢救；一切从简，骨灰盒买最简单的就行。她认为，活着就要高高兴兴过好每一天，一旦有意外，也要安安静静地离开，不给家人增加负担。这种对待生死的清醒与豁达，让无数人产生共鸣。

朱奶奶每天的生活都很有规律，早上六点醒来，先在床上玩会儿手机，给通讯录里的好友发送精心挑选并制作好的问候图片。有人回复，有人不回复，但她都坚持发。对她来说，让好友们知道自己活着，就是一件有意义的事情。

对待疾病，朱奶奶从不忌讳，每天都按时吃药。她的事业曾经辉煌过，现在身体健康、子女孝顺有出息，又有自己喜欢做的事情，这样的人生怎能不让人羡慕？

我们无法预知明天和意外哪个先来，但我们可以选择如何过好每一天。对于生老病死这些无法左右的事情，就一切随缘吧。看淡得失人无忧，看破生死自从容。

懂小姐说

正如明代陈继儒《小窗幽记》里那句诗所描述的："宠辱不惊，闲看庭前花开花落；去留无意，漫随天外云卷云舒。"简单从容地面对生活，也是一种人生真谛。

1528 年，一艘船停泊在章江河畔，王阳明气若游丝地跟弟子周积说："我走了。"

周积听后，眼泪哗哗地流下来，哽咽着问："老师，您还有什么遗言要交代吗？"王阳明微微一笑，说："我的人生修行已经圆满了，没什么再求的了。"

王阳明能从普通人变成大家心中的圣人，全靠他在"简"和"减"这两个字上下了大功夫。有弟子曾经问他，怎么才能除掉心里的杂草呢？

王阳明回答说："杂草有害处，当然得拔掉。但要是偶尔没拔干净，也别太纠结。你越是在意它，心里就越乱，老盯着那块没除干净的杂草，别的烦心事也就跟着冒出来了。"

明正德元年（1506 年）的时候，王阳明被贬到了贵州龙场当驿丞。那地方全是山，丛林密布，还有瘴气，环境特别差。

有一次，王阳明碰到一个同样被贬的官员，还拖家带口。他们一看这地方荒无人烟，路又难走，心里就发愁。结果没过几天，这个官员就去世了。

王阳明听到这个消息，除了可怜他们，也感慨地说："忧郁攻其心，岂有不死之理？"其实啊，很多时候，人不是被环境打败的，而是被自己的各种情绪给压垮了。

王阳明曾形容过自己的遭遇：“前面是险峻的栈道，后面有猛虎追着；左边是倒下的悬崖，右边是深不见底的山谷。”他经历过科举失败，多次被贬，还被百姓骂，被奸臣刁难……可以说命运对他特别苛刻。

科举落榜后，他父亲想安慰他，他却笑着说：“别人觉得考不上是耻辱，我觉得为考不上而烦恼才是耻辱呢。”被贬到龙场时，路难走，粮食也经常不够吃，他就自己动手开荒种地，还写了首《西园诗》，兴致勃勃地描述自己种菜的乐趣。

养心最重要的是静下来，别太计较，这样性格才能豁达。

把情绪关在心门外，不忧不惧，自然能在兵荒马乱的生活中且行且歌。

看淡生死，人生不过删繁就简。

人生不过一世，
大事唯有生死。
其他皆是浮云，
古今概莫如此。

附 录

读懂别人的故事
过好自己的人生

榜样的力量是无穷的。

——毛泽东

埃及艳后克娄巴特拉：通过征服男人征服天下

英勇的恺撒横扫世界，而娇小的埃及艳后却以非凡的魅力征服了恺撒。为了生存，她无所畏惧，尤其擅长见风使舵。

罗马帝国两位统领皆拜倒在她的石榴裙下

被誉为“尼罗河女神”的埃及艳后克娄巴特拉，是古代历史上最具传奇色彩的女性之一。她不仅以绝世美貌著称，更以非凡的智慧和魅力，成了勾动男人欲念之火、充满浪漫与诱惑的代名词。然而，这位尤物的生命却在年仅 39 岁时画上了句号。

克娄巴特拉的人生虽然短暂，但她却让古罗马两位最负盛名的领袖——恺撒大帝和马克·安东尼为之倾倒。

公元前 48 年，当恺撒大帝的军队抵达亚历山大城时，克娄巴特拉正身处困境。她被自己的族兄赶下台，身无分文，几乎朝不保夕。为了保全性命，她不得不孤身逃离埃及，来到亚历山大城寻求庇护。而恺撒，这位早已听说过她名字并仰慕其美貌的英雄，对她的不幸遭遇表示了同情，并决定伸出援手。

在充满危机的亚历山大城，克娄巴特拉巧妙地安排了一场惊心动魄的见面。她趁着黑夜，将自己卷在大块地毯里，让仆人偷偷运进了恺撒的宫殿。当地毯缓缓展开，美丽的克娄巴特拉如同仙女下凡般出现在恺撒面前。她故意在他面前欢歌笑语，用她那富有诱惑力的身姿和智慧，成功地勾起了恺撒的欲火和怜悯之心。

54岁的恺撒被21岁的克娄巴特拉深深吸引，她的美貌和智慧让他彻底拜倒在她的石榴裙下。为了报答克娄巴特拉，恺撒发誓要为她报仇雪恨。他率领着称霸一时的罗马军队，轻而易举地击败了埃及军队，为克娄巴特拉夺回了王位。

克娄巴特拉再次成为埃及的统治者，而她也与恺撒开始了一段地下恋情。一年后，她为恺撒生下了一个儿子，这是恺撒唯一的血脉。然而，由于恺撒在罗马已有原配夫人，他们的关系始终无法公开。

为了自己和儿子的未来，克娄巴特拉开始筹划如何公开他们的关系。她巧妙地利用埃及人的宗教信仰，命令主教们称颂恺撒为神，是太阳神阿蒙的化身，降临人世的任务就是给罗马留下一个男孩。这种荒谬的说法在当时却让埃及人深信不疑。

然而，好景不长，恺撒不幸遇刺身亡。继他之后称霸罗马的，是粗暴的酒鬼马克·安东尼。当安东尼率领大军抵达埃及时，他扬言要割下克娄巴特拉的项上人头。这让克娄巴特拉陷入了深深的恐惧之中。

面对安东尼的铁军，克娄巴特拉知道战争无法阻挡他们的脚步。于是，她决定用情爱去引诱这位罗马将领。她准备了一艘华丽的船，船上装饰着华贵的丝绸和珠宝，自己则打扮得妖冶动人。

果然，安东尼也被克娄巴特拉的美貌和智慧所征服，他爱上了她，并娶她为妻。在爱情的驱使下，安东尼变得昏庸无能，甚至将整个腓尼基海岸作为礼物送给了克娄巴特拉。后来，他又接连将费里冠省、塞波拉岛、克里特岛等地都送给了她。最后，安东尼干脆将整个亚洲的管理权也拱手相让。

安东尼的所作所为激起了罗马人的极大愤怒。他们决定通过战争来收回被克娄巴特拉夺走的领土。罗马大军很快攻上了安东尼和克娄巴特拉的船只，安东尼不愿被俘受辱，又不愿离开克娄巴特拉，最终只能拔剑自杀，倒在她的身旁。

在安东尼自杀后，克娄巴特拉并没有表现出过度的悲伤。她曾对安东尼发过毒誓，绝不能被罗马人擒获以免受辱。因此，在安东尼死后不久，她也选择了自杀。关于她的自杀方式，至今仍是一个谜团。有人猜测她可能是用牙咬伤自己后注入毒液致死；也有人认为她是被毒蛇咬伤而死的。

克娄巴特拉死后被埋葬在安东尼的墓旁，但具体位置至今仍未被考古学家找到。她的传奇故事和神秘死因成了永远的话题和谜团。

约瑟芬：统治拿破仑内心的女人

约瑟芬·德·博阿尔内，一个用智慧和美貌征服了拿破仑·波拿巴的女人。我们来看看约瑟芬皇后伴随着权力、爱情以及珠光宝气的一生。

你千军万马征服世界 我一袭红裙征服你

1763 年 6 月 23 日，约瑟芬出生于法属殖民地加勒比的马提尼克岛一个没落的贵族家庭。她的父亲是一位小领主，母亲则希望她们姐妹俩能接受良好的教育，以便日后能与贵族联姻。约瑟芬在修道院的女子寄宿学校度过了她的童年和少女时期。这些经历不仅让她学会了礼仪和社交技巧，更培养了她敏锐的政治嗅觉。

1779 年，16 岁的约瑟芬嫁给了亚历山大·德·博阿尔内子爵，成为子爵夫人，从此过上了上流社会的生活。然而，这段婚姻并不幸福，两人的性格差异导致了频繁的争吵。尽管如此，约瑟芬依然为亚历山大生下了两个孩子，但这段婚姻最终还是走到了尽头。

1794 年，亚历山大在雅各宾派的统治下被处决，约瑟芬也因此被关进了监狱，甚至上了断头台的名单。然而，幸运之神眷顾了她，就在她丈夫被处决几天后发生了热月政变，雅各宾政权倒台，约瑟芬得以重获自由。但失去子爵夫人身份和财产的她，一下子变得穷困潦倒。不过，约瑟芬并没有因此沉沦，她利用自己的贵族头衔和以往的人脉圈，努力争取督政府的支持，最终成功争取回了一部分财产，回到了巴黎的家。

回到巴黎的约瑟芬，面对的是一个风云变幻的政坛和一个不确定的未来。她明白，只有找到一个强有力的后盾，才能确保自己和孩子们的安全以及优渥的生活。于是，她将自己的目光投向了督政府中最有权势的人之一——巴拉斯，并成功成了他的情妇之一。然而，约瑟芬并不满足于这种短暂的关系，她需要一张长期稳定的饭票。

就在这时，政坛新星拿破仑·波拿巴走进了她的视线。拿破仑的才华和野心让约瑟芬看到了希望，她决定利用自己的美貌和智慧来征服这个男人。她精心打扮，以时尚和优雅的形象出现在拿破仑面前，瞬间吸引了他的注意。拿破仑对约瑟芬一见钟情，为她神魂颠倒，甚至愿意为她放弃一切。

1796 年 3 月 9 日，拿破仑与约瑟芬在马德莱娜教堂举行了简单的婚礼。新婚的第三天清晨，拿破仑就率领一支远征军匆匆奔赴北意大利战场。在意大利的拿破仑除了打仗，就是思念新婚妻子约瑟芬。他不断地给她写情书，倾诉相思之苦，但约瑟芬在巴黎的生活却与他截然不同。她频繁出入舞会、晚宴等社交场所，与各色人物周旋，心思完全不在拿破仑身上。

然而，拿破仑对约瑟芬的痴爱并没有因此减少。当他听到关于约瑟芬的流言蜚语时，虽然愤怒和伤心，但最终还是选择了原谅。1799 年 10 月 16 日，拿破仑从埃及归来，整个巴黎都为他欢呼。然而，当他回到家中时，却失望地发现约瑟芬并没有像他想象的那样崇拜和思念他。家人的指责和约瑟芬的冷漠让拿破仑愤怒不已，他发誓要休掉这个恶妇。

然而，约瑟芬并没有因此放弃。她苦苦哀求，说自己爱他、思念他，从没想过背叛他。尽管这些话可能是谎言，但拿破仑却愿意相信她。他们和好如初，重新开始了幸福的生活。

1799 年 11 月，雾月政变后，拿破仑成为第一执政，约瑟芬成了法兰西共和国的第一夫人。1804 年 12 月，拿破仑加冕称帝，约瑟芬成了法兰西第一帝国的皇后。然而，这段婚姻并没有持续太久。拿破仑为了帝国的未来和继承人的问题，最终决定与约瑟芬离婚，迎娶奥地利公主玛丽·路易丝。

尽管拿破仑最终还是和约瑟芬离了婚，但他对她的爱却从未减少。离婚后的拿破仑常常闭门沉思，拒绝接见任何人，也无心做任何事。他对约瑟芬的思念如同潮水般汹涌澎湃，无法抑制。而约瑟芬在得知拿破仑被流放到厄尔巴岛的消息后，一病不起，最终在马尔梅松城堡去世。

拿破仑在得知约瑟芬去世的消息后，悲痛欲绝。他手持鲜花跪在约瑟芬墓前，痛哭不止。三个月后，拿破仑遭遇滑铁卢惨败，被流放到圣赫勒拿岛。在那里，他度过了自己生命中的最后时光，临终前嘴里一直喊着“约瑟芬”。

约瑟芬用她的美貌和智慧征服了拿破仑，成了他一生的挚爱。

可可·香奈儿：自由是永恒的时尚

在世界时尚之都法国巴黎，流传着这么一句话："如果你不知道自己该穿什么衣服，那就穿香奈儿吧！"

谈及可可·香奈儿，你一定不陌生。她以匠心独运的小黑裙设计赢得了世界的瞩目，更以她那传奇般的5号香水俘获了无数人的心。作为20世纪屈指可数的时装巨匠，可可·香奈儿不仅是香奈儿品牌的奠基人，引领了一个时代的潮流风尚，更以她的一生诠释了自由的真谛。在那个充满束缚与规则的时代，香奈儿如同一股清流，勇敢地追求自我，用时尚的语言向世界宣告：自由是永恒的时尚。

童年的阴霾，自由的萌芽

1883年，香奈儿出生于法国索米尔的一个小镇，私生女的身份让她自幼便生活在阴影之下。父亲的缺席、母亲的艰辛、修道院的压抑，这些童年的不幸经历，似乎为她日后的坚韧与独立埋下了伏笔。然而，正是在这种缺乏爱与自由的环境中，香奈儿的心灵深处悄然萌发了对自由的渴望。

爱情的阶梯，自由的探索

香奈儿的一生，情感经历丰富而复杂，每一次爱情的邂逅都像是她向上攀爬的阶梯，让她一步步接近心中的自由之巅。

香奈儿的第一任男友叫巴勒松。巴勒松是一个军官，还是个花花公子，正是借助他的关系，香奈儿得以跻身上流社会，并且学会了骑马这个当时被视为贵族阶层专属的休闲项目。

他们之间关系虽然更多基于物质交换，但香奈儿从中学会了社交技巧，更重要的是，她开始意识到，凭借自己的魅力与智慧，可以主宰自己的命运。

随后，亚瑟·卡柏的出现，为香奈儿带来了真正的爱情与心灵的慰藉。他们的爱情，如同夜空中最亮的星，照亮了香奈儿内心的每一个角落。卡柏不仅是她的爱人，更是她的精神导师，引领她走进了巴黎的艺术殿堂，为她日后的时尚事业奠定了坚实的基础。然而，爱情虽美，却如流星般短暂，卡柏的离世让香奈儿陷入了深深的悲痛，但也让她更加坚定了追求自由的决心。

事业的辉煌，自由的绽放

1910 年，香奈儿在巴黎开设了第一家帽子店，标志着她时尚帝国的正式起航。她摒弃了烦琐复杂的传统服饰，倡导简约、舒适的设计理念，小黑裙、珍珠项链、5 号香水……这些经典之作，不仅革新了女性的着装方式，更传递了一种独立、自信的生活态度。香奈儿的设计，是对女性身体自由的解放，更是对女性精神自由的颂歌。

5 号香水的成功，是香奈儿商业智慧的体现。她深知，香水不仅仅是气味的传递，更是身份与品位的象征。通过精心策划的营销策略，香奈儿将 5 号香水打造成了时尚与自由的代名词，让每一位使用它的女性都能感受到那份由内而外的自信与魅力。

在经济大萧条期间，香奈儿再次展现了她的远见卓识。她推出的珠宝设计，将贵重与日常完美结合，既满足了女性对美的追求，又适应了当时的经济环境。这一创举，不仅让香奈儿品牌得以在逆境中生存，更让她成了时尚界的领军人物。

自由的灵魂，永恒的时尚

可可·香奈儿用自己的经历告诉我们，无论出身如何，无论遭遇多少困难，只要心中有梦，勇于探索，就能创造出属于自己的辉煌。她的设计，不仅仅是服装与配饰，更是一种生活哲学，一种对自由、独立、平等的向往与实践。

香奈儿曾说："生活不曾取悦于我，所以我创造了自己的生活。"这句话不仅是对她个人经历的总结，更是对所有渴望自由、追求梦想的人们的鼓舞。她教会我们，即使生来没有羽翼，也不能阻止我们展翅高飞。自由，是每个人内心深处最真实的渴望，也是香奈儿留给这个世界最宝贵的遗产。

在可可·香奈儿的世界里，时尚不仅仅是外在的装扮，更是内在精神的体现。

张幼仪：人生从来都靠自己成全

曾有人说，一个人后半生的福气，往往藏在逆商之中。这句话用来形容张幼仪，再贴切不过。她的人生，仿佛一部跌宕起伏的传奇小说，从弃妇逆袭成总裁，张幼仪用实力诠释了何为真正的"王者归来"。

离婚不是终点

在张幼仪的故事中，"离婚"不仅不是终点，反而成了她人生华丽蜕变的起点。从她的故事中我们体会到，逆商才是决定后半生荣光与否的关键。

张幼仪出生于一个显赫的家庭，自小接受良好的教育，琴棋书画样样精通，是典型的大家闺秀。然而，命运似乎总爱与她开玩笑，将她与徐志摩紧紧捆绑在一起，编织了一段复杂而痛苦的情感纠葛。徐志摩，这位才华横溢的诗人，以其浪漫不羁、追求自由爱情的形象闻名于世，但他的心，却从未真正属于过张幼仪。他们的婚姻，从一开始就建立在父母之命、媒妁之言的传统之上，缺乏感情基础。

新婚之夜，徐志摩的缺席，如同一记响亮的耳光，狠狠打在了张幼仪的脸上，击碎了她对婚姻的所有美好幻想。但她没有选择放弃，而是默默地承受，试图用自己的温柔与贤惠，去感化那颗冷漠的心。她以为，只要时间足够长，总有一天能融化徐志摩心中的冰山。然而，现实总是比想象中更加残酷。

徐志摩在英国留学期间，遇到了林徽因。他被林徽因的才情与美貌深深吸引，彻底陷入了爱河。为了与林徽因在一起，徐志摩不惜一切代价，甚至远赴德国要求张幼仪打掉腹中的孩子，逼她离婚。那一刻，张幼仪的心彻底碎了，于是，她选择了放手，成全了徐志摩的爱情，也为自己争取了新生的机会。

离婚后的张幼仪将这份痛苦转化为前进的动力。她开始学习德语，努力融入当地社会，同时也不忘提升自己的经营管理能力。

回国后，张幼仪仿佛脱胎换骨，焕发出了前所未有的光芒。她不仅成为东吴大学的德语教授，还凭借自己在德国学到的经营管理知识，创办了云裳服装公司，并成功接管了女子商业储蓄银行，担任副总裁一职。

云裳服装公司在她的带领下，迅速成为上海时尚界的佼佼者，引领着潮流的风向标。而张幼仪本人，也从一个弃妇，逆袭成为一位事业有成、独立自主的女性。

张幼仪的故事，是对所有女性最好的鼓舞和启示。她用自己的经历告诉我们，无论遭遇多大的打击和挫折，只要我们能够直面苦难，勇敢前行，就一定能够遇见更好的自己。离婚不是终点，而是新生活的开始。逆商，才是决定一个人后半生荣光与否的关键。

董竹君：从青楼女子到商界大鳄

董竹君，这位出身贫寒、历经坎坷却最终成为商界大鳄的女性，她的一生，无疑是对“命运掌握在自己手中”这一信念的最好诠释。从青楼女子到督军夫人，再到商界精英，董竹君的每一步都充满了艰辛与挑战，但她凭借着自己的智慧与勇气，实现了人生的华丽蜕变。

苦难童年，青楼生涯

1900 年正月初五，董竹君出生在上海一个贫苦的家庭，原名毛媛。她的父亲是一位忠厚善良的黄包车夫，母亲则以给人洗衣为生。家庭的贫困让董竹君从小就体会到了生活的艰辛。然而，命运似乎并未因此而对她手下留情。9 岁那年，父亲患上伤寒症，家庭的经济状况更是雪上加霜。为了还债和给父亲治病，董竹君被迫放弃学业，进入青楼学唱京戏，开始了她长达数年的卖唱生涯。

在青楼的日子里，董竹君凭借着自己的标致长相和出色的唱功，很快成为青楼中的“名媛”。然而，这段经历对她来说，却是痛苦与屈辱的。她不仅要面对形形色色的客人，还要忍受老鸨的剥削和压迫。但正是这段经历让董竹君对社会的黑暗有了更深刻的认识。

遇见夏之时，逃离火坑

在青楼中，董竹君遇到了四川革命党人夏之时。夏之时对董竹君的遭遇深表同情，并建议她趁早逃离青楼，寻找出路。在夏之时的帮助下，董竹君终于逃离了青楼，并与之结为夫妻。婚后，夏之时带着董竹君前往日本留学，实现了她人生的第一次转变——从青楼女子变成了督军夫人。

在日本留学的日子里，董竹君如饥似渴地学习着各种先进的文化知识和家政技能。她深知自己之前落下的功课太多，因此夜以继日地挑灯苦读。

学成回国后，董竹君面临着新的挑战——如何处理好复杂的家庭关系。夏之时不仅家族关系复杂，对她的出身更是挑剔。然而，董竹君凭借着自己的智慧和才华，很快就赢得了夏家上下老小的认可和尊重。她不仅用精心准备的礼物赢得了家人的好感，还凭借在日本学习的家政知识，将家庭打理得井井有条。

然而，好景不长。随着夏之时在政治斗争中的落败和家庭的衰败，董竹君的生活也陷入了困境。夏之时开始沉迷于鸦片和赌博，对董竹君的态度日益冷淡。尤其是在女儿的教育问题上，两人的分歧更是达到了顶点。最终，董竹君心灰意冷地带着四个女儿离开了四川，返回了上海。

创业之路，艰难前行

离婚后的董竹君面临着生存问题。为了自谋生路，她开始了自己的创业之路。她先是开了一家纱管厂，但由于战争的影响和销路问题，工厂只能勉强维持。然而，董竹君并没有放弃。她凭借着自己的商业眼光和人格魅力，成功吸引了菲律宾华侨陈清泉的投资，工厂迅速有了起色。

然而好景不长，淞沪会战爆发后工厂在炮火中被炸毁。面对这一打击，董竹君并没有气馁。她迅速调整方向，开始了第二次创业——开川菜馆。这一次，她找到了投资人李松高。在李松高的帮助下，董竹君创办了锦江川菜馆（锦江饭店的前身）。

川菜馆的生意非常红火，很快就吸引了上海滩各界人士的青睐。然而，这也给董竹君带来了新的挑战——如何应付上海滩各种复杂的人际关系和势力。她凭借着自己的智慧和勇气，与黄金荣、杜月笙等黑帮大佬周旋，并赢得了他们的赏识和帮助。同时，她还积极支持爱国人士，为中华人民共和国的成立作出了积极贡献。

商界大鳄，传奇人生

经过多年的努力和奋斗，董竹君终于成了商界的大鳄。她不仅将锦江川菜馆经营得有声有色，还将其发展成为锦江饭店，成了上海乃至全国的知名品牌。她的商业才华和人格魅力赢得了广泛的赞誉和尊重。

董竹君的一生充满了传奇色彩。她从一个青楼女子到督军夫人再到商界大鳄的转变过程充满了艰辛与挑战。但她凭借着自己的智慧、勇气和坚韧不拔的意志成功地克服了重重困难，实现了人生的华丽蜕变。她的一生不仅是对自己命运的掌握，更是对时代变迁的见证和记录。

董竹君的故事告诉我们：无论身处何种环境，面对何种困难，只要我们保持坚定的信念和勇气，积极寻找机会并付出努力，就一定能够创造出属于自己的辉煌人生。她用自己的经历诠释了“命运掌握在自己手中”这一信念的内涵，也为我们树立了榜样和典范。

后　记

人类社会也曾经历过“女权盛世”时代

人类社会也曾经历过“女权盛世”时代。

母系氏族社会以其独特的形态存在了长达三万多年，那是一个女性被尊为部落核心与灵魂的时代，女性的生育与繁衍能力赋予了她们极高的社会地位。然而，随着生产力的提升和社会的进步，父系社会逐渐兴起，女性的地位开始被束缚于家庭与传统的框架之中。尽管如此，历史的车轮从未停止转动，女性也从未放弃对自由与平等的追求。

今日，东方女性正以崭新的姿态，在职场、情感、家庭与自我成长的道路上奋力前行。她们不仅要在传统与现代之间找到自己的定位，还要在职场与家庭之间寻求平衡。

作为一位东方女性，在我个人的生命旅程中，有一股信念深深扎根于我的灵魂之中，成为我生命中最强大的驱动力——那就是**投资自己，并坚信一切问题都能解决**。

独自在美国求学的岁月里，从波士顿的餐厅服务员到纽约证券交易所的交易员，从出版集团的职员到健身视频的主角，再到回国后在地方广播电视集团担任驻外记者，这股信念陪伴我度过了无数个艰难的时刻，支撑我勇敢迎接每一个挑战，也赢得了每一份工作机会。

正是这股坚定的信念，让我有胆量在39岁时踏上创业的征途，把一家从零开始的教育和媒体公司打造成价值数百万美元、具有社会责任感的企业。同时，这股信念也激励我深入各地乡村拍摄视频，这些视频后来演变成了广受好评的在线节目，在全球135个国家拥有数百万粉丝。

在这样的背景下，《做一个通透清醒的女人》这本书应运而生。它不仅是一本关于女性自我成长与提升的指南，更是一本关于勇气、快乐、有趣与自由的宣言。它告诉我们，无论面临何种挑战与困境，都别忘了爱自己，我们有能力靠自己解决任何问题，成为自己本应成为的人。

我们出生时都没有附带使用说明书，我们的教育体系也没有教会我们如何利用思想、信念、情绪和身体的智慧力量。但这本书将帮助我们弥补这一缺失，让我们学会如何培养获胜的心态、视角和习惯，不仅为了应对和克服生活的挑战，更为了体验真正的快乐和满足。它将向我们展示女性内在的巨大力量，让我们明白自己并不软弱，并不无能，而是拥有无限潜能与可能性。

本书不仅可助你在心态稳定的情况下解决日常琐碎，如洗衣机故障、轮胎漏气；亦可助你创立公司、重塑健康、实现财务自由；也能指引你挽救（或终结）一段关系。在现代社会压力、悲伤、愤怒、抑郁、成瘾、焦虑、绝望与债务的迷雾中，它是你寻得出路的明灯；更可助你发明创新技术、掌握新语言、成为更优秀的母亲或更强大的领袖。

尤为重要的是，你可将此理念与他人共享——于家庭、组织、团队、行业、社区乃至全球，共同创造积极而深远的变化。无论是个人或者集体层面，我们皆面临无法忽视的事件与境遇。全球约有3.5亿人饱受抑郁之苦，此乃致残之首要原因，亦是疾病负担之重要推手。至于系统性腐败、污染、暴力、战争、不平等与不公，它们仍在地球的每一个角落制造痛苦，而我们尚未触及。

然而，世界若欲发生显著变化，必先有勇气自我改变。而自我改变之始，在于相信自身能力。

爱自己，好好投资自己，因为我们需要你，需要你独具女性特色的心灵、声音、勇气、喜悦、创造力、同情心、爱与天赋。此刻，比以往任何时候都更需要。

正如美国作家玛雅·安吉洛所说：**“在你知道得更多之前，尽力而为；当你知道得更多时，做得更好。”**